文化创意产业译丛

文化理论与现代性问题

［英］阿兰·斯威伍德（Alan Swingewood） 著
黄世权 桂琳 译

中国人民大学出版社
·北京·

"文化创意产业译丛"编委会

主　编：周蔚华　金元浦

编　委（按姓氏笔画为序）：

丁以绣　马学亮　司马兰　齐勇锋
祁述裕　花　建　张晓明　胡惠林
陶东风　章建刚　崔成泉　薛晓源

"文化创意产业译丛"总序

当今世界,文化与经济、政治之间相互交融,文化与科技的结合日益紧密,文化已经形成为一个产业,而且正在发展成为一个重要的产业群。文化产业逐步成为经济活动的核心,从而也越来越受到各国政府的高度重视。包括新闻、出版、广播、电影电视、艺术欣赏、广告、动漫、娱乐等等在内的文化产业,在为国民获取信息、学习知识,享受审美、娱乐的同时,创造出了巨大的社会财富,在国民生产总值中所占的比重越来越大,成为国民经济的一个重要组成部分。党的十六大把发展文化事业和文化产业提高到增强我国综合国力的高度来认识,我国政府在"十一五"规划纲要中提出要积极发展文化事业和文化产业,创造更多更好适应人民群众需求的优秀文化产品。这是一项具有战略意义的重要举措。

与传统的一般物质产品的生产方式相比,文化产品作为精神产品,它在生产、流通、分配和消费等方面都有着自己独特的发展轨迹和运行规律。近年来我国文化事业和文化产业获得了快速健康的发展,但是由于我国的文化产业发展刚刚起步,无论是对文化产业运行规律的认识还是对文化产品经营所积累的经验都还远远不够。而西方国家在文化产业理念、经营管理以及实际运作等方面都进行了较长一段时间的探讨,积累了一些成功的经验,把这些成果介绍到国内,对我国文化产业的发展必定有很强的借鉴意义,也可使我们知己知彼,提高我国文化产业运作的管理水平和整体竞争力。为此，我们邀请一些专家对国外文化产业理论研究和实际运作的著作进行了认真的筛选，组织翻译这套"文化创意产业译丛"，由中国人民大学出版社出版发行。这套"译丛"中既有在西方和整个世界影响巨大的名著（如马克卢普的《美国的知识生产与传播》等），也有近年来在西方刚刚出版就产生很大影响的著作（如《文化产业》、《文化与艺术经济学》等）。这套"文化创意产业译丛"是个开放的系列，我们将不断把国外文化产业研究的优秀作品纳入其中，也期待着各界向我们推荐相关的优秀作品。

当前，文化产业的国际化趋势正在加强，这种国际化趋势使我国的文化产业融入国际文化产业的竞争大舞台之中，我国的文化产业公司与一些大的国际文化公司一起同台竞技，共处一个竞争平台，这无论是对我们的文化产业研究者还是文化企业的经营者都提出了更高的要求。我们相信，这套"文化创意产业译丛"所引介的"他山之石"，一定会为建设我国的文化产业大厦添砖加瓦，从而对推动我国文化产业的研究、促进我国文化产业的发展起到积极作用。

在编选、翻译这套"文化创意产业译丛"的过程中，我们得到了国内文化产业研究界很多专家的大力支持，也得到了新闻出版总署副署长邬书林等领导同志的关心和指导，中国人民大学出版社的很多同志为此付出了大量的心血，在此一并表示感谢！

"文化创意产业译丛"编委会

文化理论与现代性问题

导　言

　　20世纪80年代和90年代见证了学术界对文化研究萌生出的浓厚兴趣。如果说异化、意识形态和霸权是早期的关键词,那么现在,文化就已经成了人文学科和社会学科的主要关注对象了。虽然文化在各人文学科中已经占据了很重要的位置,但是一直以来,文化更倾向于被融入对文学与美学分析之中(文化作为背景和语境),或者被纳入对社会结构、社会制度和社会变迁的研究之中(文化作为社会化的过程)。对于作为战后主要学术思潮之一的马克思主义来说,文化逐渐成为了一种身份和地位模糊不定的事物,常常被视为一种意识形态的形式,并被作为特殊阶级和政治利益的反映来分析,不过它也成为标明人类价值和期望的重要领域。然而,对于马克思主义来说,不管是文学研究还是社会研究,其共同的特点是不能充分地对文化做出理论阐释,并且提出具体的概念,进而分析文化的内部特性、各种形式,以及文化与人类活动和现代社会复杂的、高度分化的结构之间的关系。文化研究兴起于20世纪60年代〔有理查德•霍加特(Richard Hoggart)、E. P. 汤普森(E. P. Thompson)和斯图加特•霍尔(Stuart Hall)的大异其趣的著作,也有英国伯明翰大学当代文化研究中心这样的机构设置〕,强调文化的社会属性(文化不仅关注艺术和文学,还关注传播和社区),但是依然没有生成一个必要的社会学框架和一整套概念工具。文化研究分化为媒介研究、女性主义和少数族裔研究等不同专业领域,这个过程受到新的、大部分是来自欧洲的政治、意识形态、话语和主体等诸理论的影响,这进一步使文化研究偏离了社会学。

然而,这些发展的结果之一就是拓宽了文化的定义,摆脱了将文化等同于文学和艺术的狭隘做法,现在文化也包括时尚和食物、运动和广告、杂志和日常生活,以及工人阶级的亚文化,这类亚文化的特征是形式多样的仪式和对主流社会价值观的抵抗。正如E. P. 汤普森所指出的,文化是:

> 一个大杂烩式的术语,将如此之多的行为和属性塞进一个包裹中,势必混淆或者掩盖各种差异……我们要把这个包裹拆开,更加小心翼翼地检查其中的成分:仪式、象征模式、霸权的文化属性以及习俗在代际间的传承,习俗在历史上具体的运作形式和在社会关系之中的演变。(Thompson, 1993, p. 13)

在这本书中,我试图揭示文化的各种含义,并且提出一种独特的社会学方法,以社会学的方式来讨论文化。因为文化对当代研究已经相当关键,它的定义受到范围大得令人无所适从的理论框架和理论家的影响〔比如阿尔都塞(Althusser)、福柯(Foucault)和鲍德里亚(Baudrillard)〕,语言学、话语分析和后现代主义一道推出了一些概念和方法,这些概念和方法与文化的社会学研究风马牛不相及。历史上的文化研究是一个独立的领域,具有自己的内部特质,与哲学和人类学关系紧密。在18世纪末,文化大多与文明的概念等同起来,被作为一种整体论的概念,比如世界观或者"心智"。雷蒙·威廉姆斯(Raymond Williams)将文化的原初意义追溯到"栽种"一词,表示农事方面的培植植物;但是到了19世纪,这个词指从初期的工业主义向资本主义和现代性的转变。在整个19世纪,文化逐渐提升了智性程度,被等同于思维习惯和人性价值,它是依据艺术和"高级"文化而不是"低级"或"普通"文化得到的理想的定义。在英格兰,文化以人性完美和创造一种普世价值为中心,建立起一种美学和文学的话语,以其"甜蜜和光明"的情景反衬着非人的、丑陋的机器文明。在马修·阿诺德(Matthew Arnold)的著作中,文化被定义为创造性的作品(文学文本),体现出高度的道德价值,反对工业主义、物质主义和庸人气息。因为文化承载着一种文明的使命,所以是社会性的,尽管它是基于产生高级和低级文化等二元对立模式的文本的狭隘构想。这种文化和社会传统在 F. R. 利维斯(F. R. Leavis)、艾略特(T. S. Eliot)和威廉姆斯的著作中得到进一步的阐释,对其的首次命名造成了前工业文化(被称为"有机的"和以群体为基础的)与 20 世纪围绕着原子化的社会关系建立起来的工业的、资本主义的大众文化之间的对立。在很重要的意义上,文学批评家利维斯和诗人兼批评家艾略特大大推动了文化的社会语境化,并且开启了在英国文学研究中关于大众文化、通俗文化和小众文化的争论。我在第五章探讨了这个问题。我认为这种文化的理想主义观念尽管与高雅艺术形式联系在一起,但毕竟也还是建立在共同体和社会经验的基础之上。文化是一种整体生活方式,包括文本和共同体价值理念。用艾略特的话来说,是"一个群体特有的行为方式和利益"。文化是规范性的,它批判工业主义,肯定传统、普世价值和历史延续。

按照类似的思路,威廉姆斯也将文化从整体论的角度界定为一种整体的生活方式,一种普通的生活方式;与利维斯—艾略特模式相比,威廉姆斯的文化模式更加紧密地联系着日常生活。实际上,威廉姆斯试图将文化研究的文学方法与人类学方法结合起来。泰勒(E. B. Tylor)认为所有的不同类型的社会,无论处在什么样的社会发展阶段上,都拥有文化。文化并不与文明属于同一范畴,而是组成了"一个复杂的整体,包括知识、信仰、艺术、道德、法律风俗和作为社会成员所应当拥有的其他能力"(Tylor,1958,p.1)。通过价值认同和象征符号,个体就可以在整体内部进行交流并且建立起共同体了。早期人类学文化研究的路径倾向于采纳功能主义的立场，即价值认同和象征符号可以增进社会的凝聚力。但是这种整体观念存在一个很大的问题，那就是它和现代错综复杂的、高度分化的社会及其所包含的多样的社会群体和阶级的关联。现代社会存在着多种不同的生活方式，这些生活方式与意识形态和权力的问题相关，与社会冲突和斗争的复杂模式也相关。还有意义和行动的问题——泰勒的文化定义是通过唯物的而不是唯心的思考路径构想出来的，没有留心文化是如何形成这一问题。

当代人类学的文化研究已经试图修正这种过分的唯物主义，他们认为文化是"一种体现在象征符号之中的历史传承的意义模式，一种用象征形式表达的代代相传的概念系统，通过它，人们可以交流、延续和发展他们的生活知识及态度"（Clifford Geertz，1973，p.89）。克利福德·吉尔兹（Clifford Geertz）更加详尽的文化定义产生了广泛的影响，特别是在那些以社会学方法进行文化分析的研究者那里。该定义关注信仰、价值和象征符号，将这些视为文化的组成要素。

如果仅仅采用纯粹的内部方式，要把人类学的文化概念和社会学的文化概念区分开来就十分困难。在本书中，我不仅关注文化社会学，也关注文化与现代性的关系。正如我在第八章指出的，社会学和现代性计划，与为文化自主和反思个体提供制度基础的高度分化社会的发展紧密相关。换句话说，文化是关于规范、价值和象征的；但也正如吉尔兹指出的，它也是关于意义和行动的。社会学的研究视角将文化置于它的社会基础之中，置于现代性之中，置于它通过社会行动既体现又产生的复杂意义之中。

但是我觉得需要强调的是，社会学和人类学的文化概念的界限是流动的，并且常常重叠。例如涂尔干（Durkheim）在关于前现代社会早期宗教的研究中（尤其是关于澳大利亚土著），就从社会学的角度分析文化，认为文化作为一种指示系统产生出集体表征（比如图腾），个体由此获得与社会整体的认同感。集体表征是社会赖以实现整合的一种方式。这里的关键是，涂尔干研究文化的方法强调的是象征符号对于个体成员的意义。同样，韦伯（Weber）也将文化定义为意义的领域，它是构成社会行为和社会变迁的基础。在第二章和第四章我考察了韦伯和涂尔干的文化理论。韦伯提出了文化相对自主的重要概念，在现代时期，文化作为价值、象征符号和实践，拥有它自己的独特的逻辑和结构。涂尔干凭借集体表征的文化观念，也试图建立一个部分自主的文化领域。文化的这个方面在行为互动主义社会学中得到很大的发展，特别是在戈夫曼（Goffman）关于互动程序的著作中。该书认为，建立在仪式和共享意义基础上的具体象征形式使个体可以产生复杂的自我观念。

相反，功能主义的文化研究方法分析文化的象征形式（仪式、神话和符码）是为了探究这些象征形式维持社会秩序和社会整合的方式，这种方式将意义纳入社会化过程中，实际上是把人作为行动者在文化生产中的积极作用边缘化了。正如我在第一章指出的，某些马克思主义者接受了这种功能主义的视角，将文化理解为一种意识形态，是对外部物质条件的反映和对阶级利益的表达：文化好比社会黏合剂，将全部个体与资本主义的核心价值黏合起来。然而，这种还原观念受到文化马克思主义者的挑战，比如葛兰西（Gramsci）、阿多诺（Adorno）和巴赫金（Bakhtin）。第一章和第三章讨论的文化问题，是从文化与社会斗争和权力关系，以及与实践和意义的有机联系入手的。文化与其说是一种生活方式，不如说是纠结在意识形态和政治之中的斗争场所，充斥着性别、种族和代际问题。文化不是阶级身份的表达或者表征，而是复杂身份的积极表述。

文化是意义、价值和象征符号的领域，它被置于特定的结构语境中。语境问题是文化理论中最关键的问题之一。尽管文化是在语境中产生的，但是绝不能将其简化、等同为语境。在第六章，我考察了最近的一个社会学的语境理论，也就是布迪厄（Bourdieu）的场域概念，布迪厄试图将文化的部分自主原则整合进资本主义工业化和社会变迁之中。布迪厄的文化概念，正如葛兰西的一样，将文化与社会斗争和一种开放而非封闭的社会观念联系起来。尽管文化与意义有关联，但这种关联却不是固定和不变的；尽管与语境密切相关，但文化通过肯定社会生活不可化简的多样性而超越了语境。从帕森斯（Parsons）到葛兰西—法兰克福学派，从韦伯、涂尔干到布迪厄、巴赫金，文化社会学的一个主要论题是文化产生出普世性的因素，这些因素以某种方式超越了历史语境。在第七章中我考察了巴赫金的文化历史社会学，以及他提出的一种文化概念的尝试，这种文化不是单纯的社会斗争的产物，而是不同声音和立场之间对话的产物。巴赫金的对话原则是基于这样一种观点：它表明文化是一个开放的、未完成的和多重意义的领域。

雷蒙·威廉姆斯已经指出文化社会学是"紧随在阶级、工业和政治的硬题材之后进入社会学的'最新入口'。它的发展不止是专家研究的松散集合，而是传播……媒体或者……艺术"（Williams, 1981, p.9）。现在需要的是一种处理文化问题的新型社会学——本书就是处理这个问题的一种尝试。

目·录
Contents

第一章
文化的理论化：马克思主义 ································· 1
  马克思：文化和经济生产 ································· 4
  马克思主义者对经济基础—上层建筑模式的批判 ······· 9
  葛兰西：文化的独立自主 ································· 15

第二章
文化的理论化：韦伯、西美尔和社会行为 ················ 25
  引言 ·· 25
  理性和文化社会学：韦伯 ································· 27
  文化和自主原则 ··· 30
  西美尔：现代性和文化悲剧 ······························ 33
  现代性文化 ·· 35

第三章
文化工业的问题 ··· 40
  文化的辩证法 ·· 43
  文化工业和音乐 ··· 47
  文化、阶级和批判 ·· 50
  方法问题：文化产业和文化记忆 ························ 52

第四章
文化分析和系统理论 ········· 57

共同文化的概念：从涂尔干到帕森斯 ········· 57
共同文化：帕森斯 ········· 60
哈贝马斯：文化和交往实践 ········· 66
文化和互动 ········· 72

第五章
文化语境化 ········· 74

语境与文化 ········· 74
音乐语境化：介质问题 ········· 76
文化唯物主义 ········· 78
通常意义上的文化：共同文化的问题 ········· 80
情感结构：语境化的问题 ········· 84

第六章
文化场域理论 ········· 91

结构主义与系统概念 ········· 91
文化理论和短路效应 ········· 93
文化社会学与场域理论 ········· 97
习性、实践和文化场域 ········· 100
力量场域的概念 ········· 105
场域理论的缺陷 ········· 109

第七章
对话原则和文化形式 ········· 113

文化场域：行为与交往 ········· 113
巴赫金：文化、自我与对话 ········· 118
话语、语言和文化 ········· 122

非官方文化：狂欢式概念 ………………………………… 131
对话原则、禁闭和历史语境：小说案例 ………………… 135

第八章
现代性与文化 ……………………………………………… 141

什么是现代性？ …………………………………………… 141
现代性1：从波德莱尔到福柯 …………………………… 146
附录：现代性作为当下的"新"——福柯评波德莱尔 … 147
西美尔的现代性 …………………………………………… 149
现代性2：启蒙批评——从韦伯到法兰克福学派 ……… 152
论述现代性：法兰克福学派 ……………………………… 155
现代性3：马克思 ………………………………………… 159

第九章
后现代性与大众文化 ……………………………………… 165

现代性批评1：后现代和宏大叙事 ……………………… 165
现代性批判2：后现代主义与文化 ……………………… 167
后现代主义：大众文化和资本主义逻辑 ………………… 173
总结性评价：现代性、历史和后现代主义问题 ………… 179

结　语 ………………………………………………………… 181
参考文献 ……………………………………………………… 187
索　引 ………………………………………………………… 192
译后记 ………………………………………………………… 199

第一章
文化的理论化：马克思主义

临近生命的终点，马克思被别人对他著作的深深误解激怒了，尤其是被那些自我标榜的马克思主义者。马克思言辞激烈地抗议："我只知道我自己不是马克思主义者。"① 以一种相似的打破偶像的精神，恩格斯也攻击了那些武断的假设，即认为马克思主义不过是关于经济和历史决定论的精雕细琢的理论而已：

> ……根据唯物史观，历史过程中的决定性因素**归根到底**是现实生活的生产和再生产。无论马克思或我都从来没有肯定过比这更多的东西。如果有人在这里加以歪曲，说经济因素是**唯一**决定性的因素，那么他就是把这个命题变成毫无内容的、抽象的、荒诞无稽的空话。经济状况是基础，但是对历史斗争的进程发生影响并且在许多情况下主要是决定着这一斗争的**形式**的，还有上层建筑的各种因素：阶级斗争的政治形式及其成果……宪法……各种法的形式……哲学的理论，宗教的观点……这里表现出这一切因素间的相互作用，而在这种相互作用中归根到底是经济运动作为必然的东西通过无穷无尽的偶然事件……向前发展。②

---

① 《马克思恩格斯选集》，2版，第4卷，695页，北京，人民出版社，1995。——译者注

② 同上书，695～696页。——译者注

经济基础和文化或者意识形态的上层建筑之间的相互作用必然产生特定的"历史事件"。但是恩格斯接着说:"青年们有时过分看重经济方面,这有一部分是马克思和我应当负责的。"① 马克思以前的社会学理论的主要倾向,是尽量贬低经济力量在历史和文化发展中的作用,而十分看重"观念的"因素,特别是政治宗教和哲学的观念。正是出于对这种反物质主义视角的反抗,马克思和恩格斯特别强调了经济力量的建构作用,并且在他们的理论陈述中将文化归结为"观念的"领域,并将其作为经济决定性的附属。但是,正如恩格斯指出的,当他们的分析从抽象的理论和方法论的研究转向对不同历史阶段的经验研究之时,总是会适当地强调"观念的"因素。在分析特定历史背景[特别是在马克思的《法兰西内战》(1871年)和《路易·波拿巴的雾月十八日》(1852年)中]时,他们就十分关注观念和文化在经济和政治结构中发挥的积极作用。在分析法国1848年的革命危机时,马克思注意到经济和政治结构与社会阶级的分化和多样性之间有一种各派社会力量的复杂平衡在发挥着作用,在他最精彩的一段文字中,他说:

> 人们自己创造自己的历史,但是他们并不是随心所欲地创造,并不是在他们自己选定的条件下创造,而是在直接碰到的、既定的、从过去承继下来的条件下创造。一切已死的先辈们的传统,像梦魇一样纠缠着活人的头脑。当人们好像只是在忙于改造自己和周围的事物并创造前所未闻的事物时,恰好在这种革命危机时代,他们战战兢兢地请出亡灵来给他们以帮助,借用它们的名字、战斗口号和衣服,以便穿着这种久受崇敬的服装,用这种借来的语言,演出世界历史的新场面。②

---

① 《马克思恩格斯选集》,2版,第4卷,698页,北京,人民出版社,1995。——译者注

② 《马克思恩格斯全集》,中文1版,第8卷,121页,北京,人民出版社,1961。——译者注

第一章
文化的理论化：马克思主义

马克思将经济、政治和文化力量细致地交织起来，但这种做法却被后来一代又一代的马克思主义者普遍忽略了。推动马克思主义继续发展的重要人物［普列汉诺夫（Plekhanov）、列宁（Lenin）和考茨基（Kautsky）］日益将马克思主义定义成为一种关于不可避免的历史转型的决定论科学，即一种为社会主义所必需的经济集中和政治集中提供合法性的宏大叙事。对于这些第一代马克思主义者来说，马克思对社会科学的独特贡献主要在于他对资本主义生产方式的"内在机制"的分析，在于对其中运作的"铁律"的认识。这种规律规定了历史发展的结构和方向。经济基础和上层建筑之间的关系被按照机械论的和功能主义的主旨来理解和论述。这样文化就被理解为对决定性的、基本的经济结构的反映，是一种附带现象或者外部的物质过程的后果。这种简化论可以在马克思关于方法论的著作中得到支持，但只有无视马克思在历史著作中更复杂的分析时才行得通。

在主张对马克思主义进行功能主义解读时最常引用的文本，是马克思的《政治经济学批判导言》（1859）的序言。这篇序言主张在经济领域和文化领域之间存在着严格的因果关系。马克思认为生产关系的总和"构成社会的经济结构，即有法律的和政治的上层建筑竖立其上并有一定的社会意识形式与之相适应的现实基础。物质生活的生产方式制约着整个社会生活、政治生活和精神生活的过程"①。因此，文化没有自主性，上层建筑的产品，包括观念和意识形态，全部都"没有历史，没有发展"，无非是物质生产的"反映和回声"。

这种观点表明了文化生产的一种功能主义模式，它强调的是部分和整体间的相互关系，强调上层建筑中的诸因素直接对应于各种基础需要的方式。在马克思有关方法论的某些阐述中，文化被解释

---

① 《马克思恩格斯选集》，2版，第2卷，32页，北京，人民出版社，1995。——译者注

为一种"更高层次的"现实或者水平上的多余的东西。由此，马克思的功能主义简化论暗含着这样的思想，即文化没有独特的品质，只是作为其他社会力量的反映而存在。

这种对马克思的功能主义解读很快就成了正统马克思主义的基础。如果观念的形成依赖于经济力量和阶级利益，那么文化本身就不能在社会变迁中发挥任何积极的作用。有了这种被奉为经典的、对马克思主义的功能主义解读，马克思主义理论无法把握文化本身的复杂性就丝毫不足为奇了：在马克思主义的主流著作中，文化分析完全被边缘化了，得不到认真探讨，只是隐隐约约、含含糊糊地像影子一般存在着，正如我们将看到的，欠缺分析性的和实质的缜密思维。这种状况直到葛兰西和法兰克福学派著作出现才得以改变。

马克思：文化和经济生产

马克思的资本主义社会学既不包含国家社会学，也不包含文化社会学，虽然他对两者都有广泛的涉猎。在他的某些著作中，马克思大致描述了作为社会和阶级利益的直接表现的、特殊的政治和文化形式，这些形式是作为功能主义的必需之物被生产和再生产的。他认为列奥纳多·达·芬奇（leonardo da Vinci）的艺术作品完全取决于"佛罗伦萨的环境"，而拉斐尔（Raphael）的作品则取决于"他以前的艺术所达到的技术成就、社会组织、当地的分工以及与当地有交往的世界各国的分工等条件的制约"。在《德意志意识形态》（1845—1846）一文中，马克思和恩格斯认为艺术的历史起源必然源自劳动分工的发展与"由分工产生的人们所受教育的条件"[①]。

[①] 《马克思恩格斯全集》，中文1版，第3卷，459页，北京，人民出版社，1960。——译者注

第一章
文化的理论化：马克思主义

但是，这样一种对文化概念和文化发展所作的严格的功能主义、生产主义的分析，其在马克思的著作中并不是唯一的分析模式。还有一种更细致、更灵活的分析方法遍布在他的很多文章中，在其中，上层建筑因素在社会生活的生产和再生产之中，实行着一种积极的塑造作用。在《资本论》中，他指出，新教通过几乎将所有传统的假日都变成工作日，在资本主义的起源中起了重要的作用。所谓的社会"观念"因素作为一种客观存在的力量，对社会再生产有着积极的作用。然而，与马克思功能主义的理论形态一样，这里也有很多模糊和不严谨的表述。马克思并没有从理论上探讨文化的潜在自主性问题，也没有试图从经验上证实这种自主性将如何从现代资本主义的经济和社会力量的运作中脱颖而出。只有在论及古希腊艺术时，马克思才指出希腊极其落后的经济结构和它的"先进的"美学形态之间明显的矛盾：

> 关于艺术，大家知道，它的一定的繁盛时期决不是同社会的一般发展成比例的，因而也决不是同仿佛是社会组织的骨骼的物质基础的一般发展成比例的。例如，拿希腊人或莎士比亚同现代人相比……阿基里斯能够同火药和铅弹并存吗？或者，《伊利亚特》能够同活字盘甚至印刷机并存吗？随着印刷机的出现，歌谣、传说和诗神缪斯岂不是必然要绝迹，因而史诗的必要条件岂不是要消失吗？

> 但是，困难不在于理解希腊艺术和史诗同一定社会发展形式结合在一起。困难的是，它们何以仍然能够给我们以艺术享受，而且就某方面说还是一种规范和高不可及的范本。①

马克思所指出的问题，就是有限的、具有具体历史特性的经济基础与上层建筑某些超越时代的品性之间的明显矛盾：他认为古希

---

① 《马克思恩格斯选集》，2版，第2卷，28～29页，北京，人民出版社，1995。——译者注

腊艺术"充满魅力",这个观念表明了普世的和超历史的价值观,这一观点与马克思的唯物主义存在着明显的分歧。

马克思从来没有解决文化(和艺术)的部分自主性的问题,直到后来的文化马克思主义者的著作中[著名的有葛兰西、法兰克福学派、卢卡奇(Lukács)、豪泽尔(Hauser)和安泰尔(Antal)],才出现普世价值和不同的接受模式问题。相反,恩格斯发展了一种更经验主义的方法,来避免马克思的"本质主义"。他认为,在经济基础和文化上层建筑之间,必定存在着一种"不平衡的关系"。例如,他指出,在法国,启蒙运动的激进的、批判的哲学思想,与它所处的社会历史语境,即总体上以农业为主的、前现代的经济体系之间,并不存在任何直接的联系。他进而强调,在易卜生戏剧中所蕴涵的现代性,与由于地理位置分散而造成的经济欠发达的挪威生产方式之间,就很难找到直接的、单纯的联系。尽管恩格斯提出了一种更具社会学意义的研究,但他还是回避了下列问题:各种特定的文化形式如何在千差万别的社会和历史时期中扮演积极的角色?一旦这种文化形式赖以生成的生产方式不复存在,该文化形式如何保持其必需的活力?如果文化不仅仅是现实情况的一种反映,那么为什么又只有某些文化形式能够存活下来?而这些文化形式仅仅在后来才逐渐显现出"普世的"价值。由此看来,文化的部分自主性和特定的经济或社会语境之间的联系到底是什么?马克思(与后来几代马克思主义者)没有真正触及这些问题,他的说法过于简略而缺少分析。马克思的文化分析方法最终没有提出分析性的概念以阐明经济和文化之间特定的联系。

关于经济和文化之间联系的问题依然存在:马克思和恩格斯阐明了这样一种社会理论——其关注焦点是经济基础和上层建筑之间的互动关系——却忽略了详细说明构成经济基础和上层建筑的各个不同因素的实际运作情形。他们对古希腊艺术和现代工业主义、易卜生和挪威经济及启蒙运动哲学和法国欠发达的经济之间的关系所

第一章
文化的理论化：马克思主义

作的评价，仅仅使所分析的问题越发扑朔迷离，并且只是强调了这种观点，即马克思主义宏大的文化理论不过是一种简化论者的理论（在各种社会形态中，文化只是不同社会发展速度的反映而已）。因此，如何才可以将自主性原则和主要建立在"反映"和"回声"论基础上的方法论视角协调起来？

然而，正如我已经指出的，马克思的文化理论虽然体现为一种机械的、功能主义的模式，但其确实指向一个更博大精深的主题。例如，生产概念作为马克思整体的社会理论中的关键因素，并没有被草率地划归为纯粹的物质范畴而仅仅就其在经济基础中的地位予以思考。生产概念包含重要的本体论和宽广的人文主义视野。在讨论社会概念中人的尺度时，马克思说：

> 我们要考察的是专属于人的劳动。蜘蛛的活动与织工的活动相似，蜜蜂建造蜂房的本领使人间的许多建筑师感到惭愧。但是，最蹩脚的建筑师从一开始就比最灵巧的蜜蜂高明的地方，是他在用蜂蜡建筑蜂房以前，已经在自己的头脑中把它建成了。……他不仅使自然物发生形式变化，同时他还在自然物中实现自己的目的……①

由此看来，生产概念本身绝非只具有简单的物质意义——生产通常包括知识、思想、想象、技巧和反思。文化既可以反映特定的社会状况，好像建筑师的反思本能一样；同样也能积极推进这些状况的发展。没有文化，就没有生产，因为文化并不是外在于"社会物质生活过程"的东西，而是处于这一过程的基本结构之中。物质生产是生产性的活动，在一定的文化框架之中进行，这一过程产生对于构建"现实基础"来说至关重要的各种价值和目的。

但是，如果说生产总脱离不开文化框架，那么政治和权力也同样脱离不开这个文化框架。从马克思最早的著作开始，他就承认资

---

① 《资本论》，中文1版，第1卷，202页，北京，人民出版社，1975。——译者注

本主义生产方式的革命动力，这种生产方式粉碎了旧的幻想和传统，将"封闭的和凝固的"社会关系转变为更流动、更开放的形式——这是因为它本质上的现代性。现代资本主义的历史发展产生了新的制度、新的社会阶级和政治运动。在这个过程中，在以财产和权力的不平等为特征的资本主义现代复杂社会的构建中，文化逐渐发挥出关键的作用。作为一种潜在的不稳定的社会，资本主义需要某种可以使自身合法化的意识形态模式，即需要价值系统促成统一和社会凝聚力。文化是重要的机制，资本主义借此可以得到必要的社会整合，以作为历史延续性的基础。因此文化既可以被认为是意义和价值的领域，也可以被认为是意识形态的领域。没有文化，就不可能有生产；没有文化，就没有社会稳定和社会整合。当然，这里的问题是如此表述，很接近功能主义的马克思主义。

一个支配性的关于文化的论题——文化被界定为支撑资产阶级统治并使之合法化的意识形态——表明的是一种由普遍接受的价值所凝聚在一起的社会模式，这一套价值不是"自下而上的"，而是"自上而下的"，来自生产和散布意识形态的机构，比如教堂、政府和教育。依这种论点看来，现代资本主义的统治阶级实行统治不是靠赤裸裸的强制性力量，而是靠强制性力量与自愿的结合。这个支配性的文化论题因此设想了一种高度集中的和具有整体观的社会概念，在这一社会概念里，社会意识形态价值从中心源源不断地输出。所以多样的、对立的价值和独立自主的文化领域在这里都没有立足之地。

在这个简化论的经济基础和上层建筑的模式中，文化实际上被政治和经济力量吞没了，并被理解为消极的对意识形态的反映和"社会黏合剂"。这种观点明确地假定在统治阶级内部存在着一整套连贯的思想。正如马克思和恩格斯在他们最常被引用的理论中所说的：

> 统治阶级的思想在每一时代都是占统治地位的思想。这就

是说，一个阶级是社会上占统治地位的**物质**力量，同时也是社会上占统治地位的**精神**力量。支配着物质生产资料的阶级，同时也支配着精神生产的资料……既然他们正是作为一个阶级而进行统治，并且决定着某一历史时代的整个面貌，不言而喻，他们在这个历史时代的一切领域中也会这样做，就是说，他们还作为思维着的人，作为思想的生产者而进行统治，他们调节着自己时代的思想的生产和分配；而这就意味着他们的思想是一个时代的占统治地位的思想。①

但是，正如我前面说过的，马克思的著作中也有一个更辩证的理论模式，这个模式对铁板一块的统治阶级连同它的文化和意识形态概念提出了挑战。在马克思的历史研究中，他证明了在统治阶级内部存在不同的集团，存在利益的分歧，这种分歧足以导致对物质资源的争夺及思想和文化方面的冲突。在对波拿巴主义的研究中，他宣称针锋相对的思想可以同时存在，认为某种思想即便可能成为支配性的思想，也并不排除其他与之对立的思想发挥强大影响力的可能性。因为，一个控制着物质生产的社会阶级即使可能也控制着精神生产，也并不意味着足以直接控制全部文化领域。

马克思主义者对经济基础—上层建筑模式的批判

在马克思主义的历史发展过程中，马克思关于高级社会形态中的复杂性和多样性的本质属性的说法大部分都被忽略了。经济基础—上层建筑的机械模式，连同它对物质与文化生产、统治阶级与

---

① 《马克思恩格斯全集》，中文 1 版，第 3 卷，52 页，北京，人民出版社，1960。——译者注

统治思想之间的直接联系的强调，则被单方面突出了。例如，格奥尔格·卢卡奇写了大量研究欧洲小说的著作，发展了一种现实主义的理论，这种理论没有把小说的发展归因于某种复杂的文化观念，而是更多地归因于资产阶级在经济和政治上的崛起。对卢卡齐来说，资产阶级的崛起直接对应于现实主义小说的兴起；这个阶级在1848年革命之后开始衰落，而1848年革命首次将新兴的工人阶级的政治运动带到欧洲政治的最前沿，这不可避免地导致现实主义形式的解体并最终被现代主义所取代。作为欧洲文学领域主要的美学形式，"进步的"现实主义小说成功地将社会作为一种历史范畴来描述，而它的叙述策略就是描写人物个性中固有的社会属性。但是随着资本主义经济和政治统治不可避免的衰落，一种非理性的现代主义出现了（从福楼拜到卡夫卡）。现代主义不再关注社会和历史对人物与情节的决定因素，而是关注人类现实的非社会的、碎片化的和普遍异化的性质。文化作为一种积极的社会建构范畴，最终从这一历史框架中消失了，只是消极地反映着经济和政治的结构：卢卡齐的模式将文化降格、简化为对经济的反映，这样就排除了任何文化自主的可能性（Lukacs, 1964）。

其他形式的马克思主义分析也倾向于追随卢卡齐方法的核心理念，极大地夸大了统治阶级思想的统一性与连贯性。然而，尽管保留了很多教条性的核心思想，马克思主义艺术史家如安泰尔、豪泽尔却做了认真的努力，以发展和调整经济基础—上层建筑模式。他们抛弃了他们称之为"唯物"主义的幼稚形式，认为尽管艺术建构的是集体的而不是个体的现象，并且历史地与社会捆绑在一起，但该过程中间却有一道各类社会关系的复杂链条决定着美学的形式和风格。这样一来，价值就越来越远离它们的物质或社会起源了。豪泽尔提出的正是马克思在评价古希腊艺术时提到的同样的问题。豪泽尔认为，精神成果源自其自身与经济生产条件的辩证关系之中，这个过程使这些精神成果超越了对经济力量的"单纯复制"的地位。

第一章
文化的理论化:马克思主义

这个辩证的过程有效地保证了"思想观念的胜利"。豪泽尔所提倡的就是一种精微的社会学方法,它既考虑文化生产者所处的客观现实,也考虑他们的主观精神。因为,两者都是社会力量的产物,但是却在一种辩证的张力之中汇聚在一起。豪泽尔特别关注艺术起源中"观念"因素所扮演的角色,他试图将特定的文化产品与个体心性和整个阶级的"集体愿望"同时联系起来(Hauser,1963,p. 274)。

主体的"心性"与客观社会—经济条件的关联问题对文化社会学的发展来说明显是至关重要的。但是,仅仅指出两者之间存在辩证关系,等于提出了一个空洞的、形式主义的解释。例如,心性和社会语境、阶级成员、教育及家庭等之间到底是怎样的关系?心性如何从社会条件中产生,不同心性的鲜明个性与文化生产的各种特征之间又有什么样的关系?哪一类社会群体和个体选择了哪种独特的文化形式来作为他们的价值标准?他们所认同的价值是什么?该价值是社会历史地建构起来的,还是从作品中自发产生的?

豪泽尔没有能力解决这些问题。他认为,基于马克思主义的文化社会学,必须建立社会经济语境和不同艺术运动之间的联系,因为不同的艺术形式和风格流派必然会与社会分层和经济力量相对应。艺术的存在既与个体意识(通过视觉或者口头的形式)存在联系,也是一种社会建构下的阶级意识形态的表达。

安泰尔和豪泽尔都对支配性意识形态的论题进行了批评。他们认为,在大多数社会中,根本不存在单一的支配性的文化形式或者风格。相反,风格是多种多样的,正如不同代际的艺术家可以共处和共事——虽然由于不同的社会阶级和教育层次,他们之间也会有冲突和竞争。豪泽尔认为,在意大利,且就在拉斐尔死后,古典主义、风格主义和早期巴洛克风格都十分活跃、具有代表性并彼此相关:"那个时代的任何一种流行风格,都不能够仅仅通过自身充分显示现实中存在的各种不同利益与影响的复杂关联。"(Hauser, pp. 158-159)但是,虽然提倡风格的多样性,豪泽尔却没有详细说明不同的艺术作品和文化之间的具体关联。他仍然认定风格的改变直接对应于经济状况的改变,结果却只发现了其中一些琐碎的关联,既没有充分考虑社会经济力量,也没有考虑这些社会经济力量与个体或集体愿望、价值和动机之间的关系,从而从理论上说明社会—文化语境的含义。如果风格依赖"心灵的"艺术性情,那么风格又如何与具体的社会—文化语境产生联系呢?这种心性是如何形成的?个体的心性与集体的制度框架间又有什么关联?在试图超越经济基础—上层建筑模式时,豪泽尔引入了一个唯意志论的个人因素,这种因素依其本义,一定会以一种独断专行的方式任意行事,这就会与社会生活的集体的、强制性的基础发生矛盾。心性与社会语境的关系仍然是模糊的、含混的和非理论化的。

与此相对的是,安泰尔在他的《佛罗伦萨的绘画和它的社会背景》(*Florentine Painting and its Social Background*)一书中主张文化生产具有集体的和深厚的社会属性,在其中,文化通过不同社会阶级的行为反映了各种主要的经济力量。他认为,构成个体艺术作品的宽广主题和观念范畴,与特定社会阶级的"精神状态"是相应的。他试图说明文艺复兴时期佛罗伦萨的赞助系统怎样在很大程度上决定了不同绘画的正统美学架构。很多的艺术作品是直接被富有的赞助人、商人和银行家订购的,安泰尔认为他们是这个群体的社会和政治地位的意识形态代表。艺术于是成为意识形态的直接表征,几乎是由艺术家自主生产出来的,而艺术家充当了产婆的角色,即更多样的社会力量的中间人。

根据安泰尔的决定论框架,他是如何成功地将不同的美学形式和风格与文化联系在一起的呢?不妨来看看他对文艺复兴早期绘画的分析,他认为这些画与全新的商人资产阶级的兴起(在1390—1434年间)是相对应的。像马萨乔(Masaccio)这样的画家,他们独特的艺术风格是由处理空间问题,即赋予空间一种逻辑的、理性的和"系统的建构"体现出来的。马萨乔运用线性的透视法,即

第一章
文化的理论化：马克思主义

"建筑师伯鲁涅列斯基（Brunelleschi）的科学发现"，在花之圣母大教堂的小礼拜堂厚重的墙壁上为丝绸商人菲利斯·布兰卡齐（Felice Brancacci）作画。安泰尔说：

> 空间现在通过透视系统被科学地组织和逻辑地建构起来；做出这种尝试是想超越单纯的、偶然的、主观的观察，使视觉印象变得客观和理性起来。精确的数学辅助马萨乔获得空间构造中尽可能美妙的整体性，并且用逻辑的方式把它们相互联系起来。每个客体都被给予了指定的位置，画像与风景之间建立起一种全新的关系，过去那种不协调的比例消失了。（Antal，1986，p. 309）

马萨乔详细解释了这组由布兰卡齐所资助的壁画中蕴涵的高度理性和世俗的意识形态。在这组壁画里，风景画面以及它庄严宏伟、自由奔放的线条全都服从于整幅作品的理性主义构图。对安泰尔来说，马萨乔的壁画体现了资产阶级理性主义所达到的顶峰，以及正处在上升阶段的中产阶级之社会经济实力所倚赖的坚实的物质基础（Antal，1986，p. 310）。这样，艺术形式就表达了鲜明的意识形态。在安泰尔的分析框架中，这种意识形态是由外部决定的：个体画家被阶级利益和阶级身份所同化，艺术作品的起源和意义包含在特定社会群体的社会特质之中。

虽然安泰尔和豪泽尔都承认不同的社会群体、不同的意识形态和艺术风格可以在特定的历史时期和社会语境中共存，也承认"精神取向"越来越被深刻尖锐的对立所左右，但他们却试图将宏观社会学的复杂性和多样性归结为一种基本的支配力量。例如，安泰尔和豪泽尔都使用了"相应"的概念，来分析艺术风格与社会阶层的联系，一方面强调社会结构的多样性，另一方面又声称任何时期都有某一个特定社会阶级占据统治地位。宏观社会学方法对于社会语境的分析有着巨大的启发价值，但分析必须严格，既要把握复杂的结构，也要把握社会和文化制度层面。必须关注社会—文化形态的等级性，总结归纳宏观和微观层面发生各种联系的过程，阐明这种联系中的各个具体要素。马克思主义的文化史家，虽然嘴里念叨着多样性和复杂本质，但是却经常不能彻底解决这个问题，而只是将微观过程并入复杂的宏观结构中了事。于是艺术家的关键作用——他的行动和价值都被消极定义和对待，创造性活动似乎只是外部社会力量作用的结果而已（Hauser, 1963, pp. 32 - 33）。

这样，文化就在理论上被作为阶级实践和利益的直接表达。文化成了阶级和社会、社会和艺术之间的中介，它的自主性被遮蔽了。显然，这里提出了如何分析文化起源、如何分析文化在建构和产生影响的过程中各个动因的作用等问题。虽然其他的马克思主义文化史家也触及了这些问题，但他们常常不能充分地处理宏观—微观的关系。例如，克拉克（T. J. Clark）认为，有必要在艺术形式和更一般的社会历史语境之间建立联系，并说明该"背景"变为"前景"的过程。他发现两者之间存在真正复杂的关系网。为了理清艺术生产与文化和社会间千丝万缕的联系，必须集中分析语境的高度分化性质，而且要考虑一些具体事务，比如地方贸易、政治和娱乐，进而追溯艺术发挥作用的实际情形，看它如何塑造而不是仅仅反映社会关系。在对19世纪法国艺术的研究中，克拉克强调城市化的发展和城市空间及新社会群体的出现，这些因素都在现代法国绘画的产生中起了关键的建构作用（Clark, 1973）。

在后来的许多马克思主义文化理论中，艺术作品直接表现阶级和意识形态关系的观点被一种更具"积极性"的观点所取代，这种观点认为，艺术在意识形态和文化的建构中扮演着积极主动的角色。然而另一个问题仍然没有解决：当背景转变为前景时，艺术家如何将社会和文化的物质材料整合进入艺术本身？在这里另一种形式的简化论又出现了，语境的复杂性，微观和宏观间的联系被转变为艺术家的意图或者他们的创造活动："艺术作品"，拉斐尔写道："通过

第一章
文化的理论化：马克思主义

如梦似幻的意境抓住人类的创造力，人类丰富的创造力由此又能转变为活跃的能量"（Raphael，1978，p. 187）。这里的危险是马克思主义的决定论被马克思主义的唯意志论所取代，创造性实践超越了文化语境。维持宏观和微观之间的复杂平衡，可以说是马克思主义文化理论最重要的问题之一。对马克思主义来说，文化仍然问题重重，只有在葛兰西和法兰克福学派的著作中，文化概念才在一定程度上得以实现严格的理论化，没有陷入语境或者动因的简化论。

葛兰西：文化的独立自主

葛兰西是第一个直接关注上层建筑问题的重要的马克思主义思想家，并且对于文化、经济、阶级和权力之间的特殊关系提出了关键问题。葛兰西的马克思主义结合了马克思的唯物主义和意大利思想家克罗齐（B. Croce）的黑格尔唯心主义哲学，结果是：产生了一种坚决地反对当代其他马克思主义派别的马克思主义，那些派别均将马克思主义归结为一种关于社会的自然科学，而这种科学是围绕着特定的经济和历史规律的运作而建立起来的。在葛兰西看来，自然科学的方法并不适合马克思主义这类辩证的社会科学，后者主要关注的是"意识"和"实践"。必须强调的是，葛兰西的马克思主义形成之时，马克思主义已经退化为一种准宗教的教条，一种与科学论证和经验材料格格不入的封闭话语，一种只剩下干巴巴的规则和原理的僵化学说。

在葛兰西看来，社会和历史变迁的关键原因不在经济基础和上层建筑的机械模式中，而是在不同的经济、政治和意识形态结构的相互关联之中。更特别的是，社会变迁取决于从事各种实践的个体的创造性活动。葛兰西将自己的理论与"自主的马克思主义"断然划清界限。他认为历史过程不是冷漠无情的经济力量的产物，而是以集体形式组织起来的"人类意志"共同作用的结果(贸易联合会、政治政党及职业协会等)。这些集体机构成为经济发展的驱动力,有效地构建起"客观现实"(Gramsci, 1977, p. 35)。

通过他的早期著作(大约在1910—1921年间),葛兰西不断地强调个人活动和工人阶级的思想意识。他认为,必须把宿命论式地接受社会主义的历史必然性的做法,视为消极和保守的政治行为而予以谴责。葛兰西强调意愿,强调唯意志论,这一点在他回应1917年布尔什维克革命的文章中就生动地呈现出来了。他预言似地宣称这场革命是"反对《资本论》的革命"。在十月革命胜利后不久,葛兰西就写了这篇文章,声称布尔什维克掌握政权表明马克思主义是一种积极的、非宿命论式的理论,该理论是围绕着"集体意志"而不是什么客观"铁律"建立起来的。革命性的社会变迁不是外部力量作用于大量消极大众的自动出现的结果,而是一种复杂的历史过程的产物。在这一过程中,在经济上和政治上开始占据统治地位的阶级将寻求建立起一种凌驾于其他社会阶级之上的文化权威。他说,一个"上升阶级"(rising class)必定会努力获得"知识和道德的领导权",以便超越自己狭隘的集团利益(也就是自己对经济资源、政治和社会机构的大权独揽),从而让其他社会阶层心悦诚服。在这个意义上,所有的革命首先要做的就是"文化渗透的细致工作"。此时,上升阶级努力征服社会各阶层,并使这些集团都附和于自己的思想,这就是"盟主权"(Gramsci, 1977, pp. 34 - 37)。

葛兰西是在《南方问题的一些方面》(Some Aspects of the Southern Question, 1921)这篇文章中首次提出"盟主权"概念的。他认为无产阶级"要成为领导和统治阶级,就必须成功地创立一个同盟体系,使自己能动员大多数劳动者来反对资本主义和资产阶级政权"(Gramsci, 1978, p. 443)。作为政治、知识和道德因素的综合体,"盟主权"概念对于否定经济是基础、文化是对经济的单纯反映或表象的实证主义理论颇有分析价值。盟主权指向阶级统治结构

第一章
文化的理论化：马克思主义

中的唯意志论成分，突出了行动者在使各种统治模式获得认同从而使之合法化的过程中所起的积极作用。这种认同和支撑它的价值观念，都来自文化和承载着文化自主性与现实性的文化机制。如果盟主权要发挥作用，文化及其机制就必须作为分离的、独立的成分而存在。葛兰西的主要观点是，这种自主性预设了一种活跃的和独立的市民社会的存在，使"私有机构"（private institutions）如教育、政治政党、贸易联合会和教会能在"政治社会"（也就是政府）的控制之外发挥作用。通过市民社会，统治阶级将对这些机构灌输它的道德、传统、宗教和政治实践的"精神理念"。想夺取盟主权的阶级必须为整个社会说话，站在一个致力于统一和联合全社会的位置上。

葛兰西对马克思主义文化理论发展的贡献在于，他认为，在现代资本主义社会中，不再有某个单一阶级可以通过排斥其他阶级的行动来实施统治。一个现代统治阶级必须听取各个被统治阶级的声音，考虑这些阶级产生的现实影响。葛兰西的模式设想在说服与强制之间获得平衡，虽然他主张主导文化的概念，但还是提供了一种比正统马克思主义更具多样性的模式。不过，虽然葛兰西强调积极认同在阶级统治实现合法化上的重要作用，但不可避免的是，其中仍然有一定程度上的暴力、控制和强制存在。直接统治和"政治社会"（即政府）紧密相连，自上而下采取强制措施；而盟主权巧妙地将认同和强制结合起来，更多的是自下而上地实施。因此，盟主权就是一种把握道德现实和文化形式的分析工具，缺了它就不可能有稳定的社会。"盟主权的时代"除了包含经济和政治层面，常常还包括伦理政治（the ethico-political）（Gramsci，1978，p. 106）。

这样，葛兰西就是通过一个整合过程来理解和阐述文化概念的，这个整合过程将各种对立的和潜在冲突的群体与阶级联合成一个统一的社会整体。在葛兰西的分析中，文化既作为制度也作为实践，紧密地联系着历史与政治，与权力关系深深地交织在一起。文化不是中立的，也不是从社会制度中自发产生的。文化由特定的群体或知识分子生产出来,尤其是那些属于"上升阶级"的成员,他们必须用新的和富有挑战性的思想来打击旧的和传统的思想。正是这些被打上阶级身份烙印的知识分子在孜孜不倦地争夺各种新的表达方式,包括语言、流行文化和高雅文化,所有这些范畴在建立一种新社会和社会关系中都起着重要作用。

葛兰西最重要的观点之一就是,尽管文化受到语境的制约,因而是有局限性的,但是文化总是包含一些普世性的价值观念。所有的统治阶级,通过他们的知识分子同盟,都必然会生产出他们自己独特而又具普世性的价值,奠定文化盟主权的基础。文化总是集体的而不是个体行动者的产品,葛兰西与马克思一样,认为文化是不能脱离历史语境的。所以,尽管有局限性的文化论的起源和历史,总是与阶级和权力紧密相连,但它又超越了狭隘的、阶级的"有限"利益,而作为一种部分自主和积极的过程发挥作用。这种观点认为,社会主义运动应当超越单独对抗资本主义经济的阶段。它必须生产出自己独特的世界观(weltanschauung),为自己的文化和政治统治主张提供合法性。这样,"盟主权的时代"就将会出现一些关于艺术、文学、哲学、教育和法律的"新的"、激进的思想,这些思想冲击着旧的既有的思想,并提出普世性的各种主张,而不局限于哪个特殊的阶级。这样看来,盟主权就包含着思考社会世界的新方式,以及社会关系和社会结构转型的新模式。艺术作为文化的一种表达,也和这个广泛的过程联系在一起,包含着关于"民族情感"、"新心理学"、"新情感方式",以及思想方式和生活方式的种种思想,所有这些都是新的社会阶级所独有的。

从上面的表述中,我们很清楚地看到,葛兰西并不主张存在着一种"纯粹"的阶级文化——在这种文化里,不同的社会阶层将他们的经济和政治利益直接转变为各自相应的文化形式和价值观。葛兰西的文化概念超越了这样一种狭隘和贫乏的"局限"视角,他的立场与他的同代人,俄国马克思主义思想家托洛茨基(Trotsky)所倡导的立场十分接近。托洛茨基在他的《文学与革命》（Literature and Revolution, 1924）一文中激烈反对盛极一时的普罗理论教条。托洛茨基在书中公开反对那些主张纯粹阶级文化的理论家——这些理论家在20世纪20年代早期，对苏联马克思主义文化理论界造成了一定的影响。

普罗理论认为在社会阶级和文化之间有着直接的联系。例如，所有的艺术和文学必定表达各种各样的阶级利益。托洛茨基反对这种简化论，他认为，正是因为无产阶级主要关注经济的基础性问题和建设社会主义的政治斗争，所以长年累月的斗争任务延误了他们发展自己独特的文化。普罗理论家们认为，他们的任务就是统合无产阶级的需要，而普罗派的这种统合工作，就是有意识地着手发展和建立独特的无产阶级文化。托洛茨基丢弃了这种天真的和官僚习气的观点：

> 资产阶级掌权了，创造自己的文化：他们认为，无产阶级也掌权了，也要创造无产阶级文化。但是资产阶级是一个富有的、因而受到教育的阶级。在资产阶级正式掌权之前，资产阶级文化就已经存在。资产阶级取得权力是为了推行它的统治。无产阶级在资本主义社会中是一个被剥削的赤贫阶级，所以它不能创造自己的文化。(Trotsky, 1957, ch. 6)

与葛兰西相呼应，托洛茨基认为，资产阶级不断积累财富，从而"把知识阶层拉拢过来，创造了资产阶级的文化基础（学校、大学、研究院、报纸和杂志），这一切早在资产阶级取得政权之前很久就开始了"（Trotsky, 1957, p. 188）。他认为，一个阶级不可能在落后的基础上建立一种阶级文化。工人阶级历史上在生产系统中的受雇地位，再加上围绕习惯和传统建立起来的根深蒂固的奴役和依附型文化，使其在社会主义社会的经济和政治基础建立之前，不可能创立一种新的文化。

葛兰西赞同托洛茨基的观点。他认为，工人阶级的生活和思想意识大部分是由宗教的、超自然的、民俗的之类极其保守的观念构成的。但是，尽管工人阶级的文化缺失自主性，突出的是历代相传的意义的重重"沉积层"，但是，在它的沉积层中也有着普通的、日常的常识性知识。像托洛茨基那样，葛兰西也看到了知识分子在将这类五花八门的大众文化转变成逻辑严密的世界观时所发挥的作用，这种世界观围绕着社会主义的现实可能性建立起来。没有知识分子的介入，工人阶级就会处于资产阶级文化和意识形态的羁縻之中。

葛兰西就零散和矛盾的意识形态来描述工人阶级文化。因为缺少内在的统一性和连贯性，无法建立可替代资产阶级的世界观，所以大众文化永远不能形成反抗统治秩序的"据点"。葛兰西的出发点是对普罗理论以及其他当代马克思主义的分析，比如厄恩斯特·布洛赫（Ernst Bloch）等人的含蓄的拒绝（布洛赫的大众文化理论比普罗理论家们的复杂得多），他们赋予大众文化一种内在的乌托邦属性，展现了当前社会的解放前景。同样，葛兰西超越了托洛茨基的正统马克思主义，后者虽然精妙，但仍然与列宁主义的原则紧密连接在一起，即工人阶级只有通过直接的政治斗争夺取政权，革命才算成功，接下来就是一场从上到下的社会文化转型。而盟主权的概念则表明，这种革命乐观主义根本就不足以自动地产生社会主义变革所需要的文化和价值观。盟主权预想的不仅是一个阶级取代另一个阶级，还有一个囊括其他社会群体的联盟系统。这种联盟能使"上升阶级"通过自己的道德和知识方面的领导地位去动员大多数民众。缺少盟主权，就会出现基于国家强制性力量的结构凌驾于社会之上。

盟主权概念指向文化发展变化的连续不断的过程，这个除旧布新的过程与经济和政治的变革携手并进。文化、政治和革命是一个整体的过程。问题不是在革命完成之后从头到脚建立一种普世性的文化。正如托洛茨基所指出的，"无产阶级革命的道德光辉"在于它

第一章
文化的理论化：马克思主义

为一种"超越阶级、真正饱含人性的前所未有的文化奠定了基础"（Trotsky, 1957, p. 14）。然而，托洛茨基同列宁一样，基本上是参照科学、技术、教育和识字率的增长情况来衡量文化的，而葛兰西是将文化定位在现存的各种大众的、流行的形式之中，这一立场将他的著作和巴赫金联系起来（参看第七章）。大众文化将构成新的、普世性的文化的基础。

这样，文化就成了理解葛兰西的马克思主义和他丰富多彩的研究的关键。从1927年的监狱生活开始，他就草拟了一个深入而系统的研究计划：

> 直到现在，我已经思考了四个题目……研究上世纪意大利的公众精神（public spirit）的构型；换句话说，依照时代的文化潮流，依照他们奇异的思维模式，研究意大利知识分子的本性、他们的起源、他们的团体……研究比较语言学……研究皮兰德娄（Pirandello）戏剧，研究皮兰德娄所代表和决定的意大利戏剧品位的转变……还要写一篇论文探讨一下报纸连载故事和文学的流行趣味。（Gramsci, 1972, p. 9）

葛兰西继续说道，这四个题目的特点是有"一定的同质性"。正是"人民的创造精神"这一同质性把这些题目联系在一起。就创造精神的发展阶段和程度而言，每一个题目都有同样的重要意义。

葛兰西将民族大众（national-popular）的概念和基于民间习俗的日常的大众文化概念并置起来进行探讨。民族大众构成葛兰西文化理论的一个关键因素。该理论主张对大众文化的不同类型进行重新评价，尤其是通俗文学潜在地表达了作为"时代哲学"的普世性价值和道德因素。通俗小说，比如冒险故事，就能带来美的享受，且通过呈现一种别样的现实，替代灭绝人性的资本主义理性和日益工业化的、纪律严明的机械化劳动世界，并以此教育读者。同样，流行歌曲便也流露出对一个迥异于"官僚社会"的社会氛围的积极向往。民族大众文化必须通过某种方式和这些不同类型的大众文化的正面、积极形式建立联系，从而使知识分子和人民联合起来。语言最能体现这种社会结构的融合。尽管所有的社会群体都使用他们各自独具特色的语言，但在大众的、通俗的日常语言与知识阶层的优雅语言之间，却上演着一个持续相互依托和影响的过程。

然而，在意大利，这种民族大众文化几乎是不存在的。知识分子总喜欢高高在上，脱离人民。他们丧失了自己的"有机功能"，实际上成了统治阶级意识形态的鼓吹者。例如，葛兰西指出，意大利与法国、俄罗斯和德国不一样，在这几个国家，"大众的"和"民族的"是同义的，而在意大利，"民族的"这个词的释义在意识形态上受到很严格的限制，和"大众的"毫不相关，因为意大利的知识分子远离人民，同样也远离民族。相反，他们和等级传统捆绑在一起，这种传统从来没有被一种由底层发起的、大众的或民族的、强有力的政治运动所打破（Gramsci，1985，p.208）。由此，在曼佐尼（Manzoni）和皮兰德娄等作家的作品中，人民总是被从外部进行描绘，被剥夺了他们的内在生命力和积极价值。鉴于这个原因，意大利民众转向更加亲民的法国作家。法国作家在人民—国家和知识分子之间建立了亲密和相互依赖的关系，发挥着民族教育的功能。这与意大利作家截然相反。意大利作家对于人民的需要、愿望和情感是麻木不仁的（Gramsci，1985，pp.209-211）。

所以民族大众概念和盟主权联系紧密，旨在分析不同社会阶级和阶层（通过他们的利益联盟）与大众文化的联系。文化和人民之间相互分离，主要是由于存在着这样的事实，即知识分子"无法展现一种世俗文化，因为他们不知道如何阐述一种现代'人道主义'，这种人道主义能够直抵最淳朴和教育程度最低的阶级……他们依恋着古老而神秘的世界，狭隘，空洞，过于个人主义……"不应该把人民排除在所谓的"高级文化"之外，只把他们留给生活常识性质

第一章
文化的理论化：马克思主义

的民间观念——民间观念既可以是狭隘和粗糙的，也可以包含积极的创造性。葛兰西抛弃了高级文化和大众文化二元对立的错误观点，认为这不过是一种等级森严的社会在意识形态上的表露。创造一种新文化和新文学，重要的是要深入到大众文化的真正根基中去，面对它的品位和倾向、它的道德和知识世界，哪怕它是落后的和传统的（Gramsci, 1985, p. 102）。

葛兰西所提出的并不是工人阶级文化概念的理想形式。大众文化连同它所包含的所有矛盾，必须构成"高级文化"的部分基础。高级文化是丰富的和民族的，包含着知识分子和人民之间的有机联系。葛兰西的文化概念与后来的马克思主义理论家们（特别是法兰克福学派）有着明显的区别，这些人拒绝大众和知识阶层之间的任何必然的联系，他们通过将人民变成主流意识形态和社会系统里消极的傻瓜，逐渐剥夺了人民的独立自主和创造潜能。葛兰西的理论中令人拍案叫绝的还有强调行动者积极内化文化价值的方式，从而为盟主权提供了合法性，为行为提供了主观基础。这种内化过程发生在特定的社会—文化机制中——教育、家庭、政治团体——发生在一种多样性的社会结构中：这不是支配性的价值观消灭其他价值观的问题，而是关于确立价值观的社会斗争。葛兰西的盟主权概念允许市民社会结构中存在差异和多元化的声音，而这些不同的文化正是对抗和革命的温床。

葛兰西一再强调社会阶级和群体之间的等级关系以及对文化领导权的持续争夺，他的社会模式暗示了权力场域的概念——在其中，各种社会成分抗拒彼此和谐地融入一个社会整体，因此，部分自主的各种力量（知识、文化、经济、政治）发动起来，构成了集体的阶级行动的语境和意识形态的模型。但是，尽管上述内容使葛兰西能够论证不同的和相互对抗的文化共存的可能性，以及权力场域中的行动自主，但他关于历史发展具有固定模式的观点（即历史是一种客观展开的过程，其中包含着普世性自由目标的可能性的观点）

却削弱了他对经验性和历史特殊性的社会学立场。在分析上，盟主权关注文化的流动、易变和开放的状态，关注它的生产和再生产，关注它在权力均衡及其在大众文化和民族文化的充满生机的历史联系之中的不断移换。葛兰西的理论提出了一种封闭的看法，即行动的自主和文化的自主都被历史的逻辑限制着，这不可避免地导向无产阶级盟主权对资产阶级盟主权的僭越。

第二章

文化的理论化：韦伯、西美尔和社会行为

引言

19世纪的马克思主义思想将文化纳入简化论的经济基础—上层建筑模式，实际上是使文化概念边缘化了。马克思主义没有深入思考文化和社会间的复杂关系，也没有揭示各种文化形式、实践和制度与经济和政治结构之间的复杂关系。对文化研究来说，最致命的莫过于把文化定义为真实生活经历的"回声"，声称文化的形式直接对应于特定阶级的利益和意识形态。相反，古典社会学——涂尔干、韦伯和西美尔（Simmel）——作为一种独立的学科出现，并与历史学、心理学、政治学和经济学区别开来。它把社会作为自己的研究对象，有相应的方法论，一开始就卷入了关于文化本质属性的争论之中。

在这里，社会学和马克思主义的差别就一目了然了：涂尔干拒绝马克思主义理论的生产模式，而倾心于一种半文化模式。涂尔干主张将社会生活看作一个单独的象征维度——如民族主义和宗教这样的集体表征使个体能相互交流并构建价值和意义，这些对于现代社会的凝聚相当重要。正是通过宗教之类的象征形式，个体与广阔

的社会结合起来，集体地分享经验和信仰。韦伯强调社会交往中意义的唯意志论基础，也反对机械论的观点，这种观点将意义看作经济—政治形势和利益的反映或结果。通过社会化的种种复杂途径，人类行动者产生了千头万绪的意义，这些意义构成了社会行为的基础。行动者并不是消极和机械地对外部经济和物质力量作出反应，而是被他们的信仰所促使而行动起来。为行动因而也为社会变迁赋予必要意义的是文化而不是经济。

然而，在所有的古典社会学家中，只有西美尔把握了文化对于社会学的真正重要性。他认为历史唯物主义认识到了经济在社会生活中的作用，但却没有理解文化具有不可简化的复杂性。社会学的任务就是在历史唯物主义之上建构新的一层理论，在其中，文化是主要的、积极的存在。与韦伯和涂尔干不同，西美尔和卡尔·曼海姆（Karl Mannheim）还是相当同情马克思主义思想的。曼海姆在20世纪20年代主张，只有当文化概念本身受到质疑，不再被看作"永恒的自然王国的一个有机部分"，而是人类行为的一个向度，"一个人们不是简单地继承和接受，而是自己造就的领域"（Mannheim,1953），才有可能建立文化社会学。当文化被视为一个特殊的领域，这个领域从属于一个更广大的社会—历史运动且具有特殊的自主性原则时，文化的社会学研究才开始。

文化的独立自主，以及文化同经济和政治的分离，指明了关于现代社会结构的某些涵义——这就是，社会世界正在成为"去中心化的"，现代社会没有统一的"世界观"。这也是古典社会学和马克思主义的重要区别。多样性和分化代替了同质性和统一性。曼海姆总结了文化社会学的起源，认为只有当社会生活失去了固定的和刻板的形式，变得可以移动和流动的时候，人们才会质疑社会对文化生产的决定作用。因为文化按其本性来讲从来不是静止的；文化实际上不是一个事件或者一个对象，而是一个流动的过程，是人类行动和意义的场所（Mannheim, 1982）。

第二章
文化的理论化：韦伯、西美尔和社会行为

理性和文化社会学：韦伯

　　文化社会学，就像在韦伯和西美尔的著作里表现出来的那样，将文化界定为一个独一无二的价值领域，表现了一种基本的历史运动。在对世界宗教以及宗教思想在社会变迁中所起的作用的研究中，韦伯对19世纪马克思主义的基本原理提出了挑战。马克思主义认为，社会变迁是由经济规律所决定的客观的、物质的历史发展过程所导致的直接结果。在韦伯的模式中，人类行为并不是由具体的物质力量的作用引发的，而是源自一个复杂的过程，包括思想和由文化价值驱动的各类行动者。例如，没有新教思想，资本主义就永远不可能发展起来；行动者必须内化新教伦理的价值观并将其转变为经济和社会原则，行动才会实际发生。新教思想为社会世界设计了一个特定的文化方向，其抵制奢华和即时消费，鼓励延缓追求获得世俗性的满足和拒绝生活中的及时行乐。新教教义体现现代资本主义的苦行精神，并提供必要的思想和动力以推动社会变迁的发生。

　　在韦伯的历史社会学中，现代资本主义构成了一个独特的历史形态，其围绕着新教的理性元素、非人性的法则、精打细算和纪律而建立起来。为了获得拯救，新教教义强调在现世需要"努力工作"，因此就要求自律，即一种人格中所内含的理性。对享乐和时间的自我规划至关重要，个人有效地监督自己以达到最佳状态。在新教教义的苦行思想和资本主义价值的心理动机结构之间存在一种"选择的亲和力"（elective affinity）。

　　于是，韦伯的著作坚决突破了机械的经济基础和上层建筑模式；意识形态构成了一种积极的元素，而不是仅仅只和某个特定社会阶级的利益联系在一起。思想本身就是物质的、生产的力量。正如韦伯所说：

> 不是思想,而是物质和观念的利益,直接统治着人类的操行。然而经常是思想创造的世界形象,就像扳道工一样,决定着运行的轨道,利益驱动的行为就沿着这轨道运行。(Weber, 1948, p.280)

苦行的新教徒(特别是加尔文教派)将他们的物质经济需要与救赎的观念利益紧密相连。没有以下两个世界形象,任何行动都不可能:一个是路德的"天职"概念要求个体从事世俗活动以侍奉上帝;另一个是加尔文的命定观,即每个人都被注定要么上天堂,要么下地狱,没有什么可以改变一个人的命运。只有追随奉行天职的箴言,个体才能缓和与生俱来的不安定感和"内心的孤独"。通过努力工作,新教徒可以使自己确信他们一定会得到救赎。有益的行动、禁欲和工作本身就是目的观念,构成了自我信仰的产生方式。

这种动机结构是正统的马克思主义在描述社会变迁时所遗漏的。在韦伯的社会学中,文化成为打开西方资本主义的动力和独特发展秘密的钥匙。因为只有在西方,才可以找到这种独特的理性形式。在印度、巴勒斯坦和中国也有资本主义的物质基础结构——例如市场、劳动分工、货币经济、贸易渠道——但是只有在西欧,资本主义才从这些条件中完整地形成。例如,韦伯注意到,印度的几何学、自然科学、医学、政治思想和历史思想尽管高度发达,但缺乏系统的概念和方法论。在中国,科学始终是不成体系的,没有"理性的、系统的和专门的科学研究"。进一步说,位于新教文化核心的理性最终延伸到了所有社会生活领域。随着制度和文化不断的理性化,随着统一的、支配性的世界观和价值系统的瓦解,随着多元的价值领域的多重结构的出现,现代性便开始了。这些价值领域包括政治和经济、智力和科学、美学和性爱(私人领域)。现代社会的特征不再是一统天下的意识形态,而是一个由各种自主性场域和相互竞争的价值所构成的网络。这种现代世界的去中心化意味着,每个领域及其活动都是由它自身的内在价值来评判的(比如,对艺术作品的评

第二章
文化的理论化：韦伯、西美尔和社会行为

价应该依据美学领域的标准，而不是依据经济领域和政治领域的标准）。渐渐地，每个领域都日益成为专家的禁区，他们的专业知识和能力使他们能够做出合法的判断。理性侵入了国家、官僚机构、文化、人格：世界"祛魅"了，统治着不同领域的是非人的规则和制度，连贯严整的系统思想取代了前现代社会所特有的非理性的、神奇的成分（Weber，1948，p.328）。

显然，韦伯的文化社会学对马克思主义理论的许多基本内容提出了挑战：各具特色、独一无二的各领域的分化原则表明，政治、文化、法律和道德领域中的理性的扩张，是脱离直接的阶级和经济利益而独立地发展起来的。韦伯强调，在包括建筑、数学、科学和音乐的整个社会生活中系统地采用非人的规则和制度，是西方文化的特征。在他未完成的关于音乐社会学的研究《音乐的社会和理性基础》（*The Rational and Social Foundations of Music*，1912）一书中，他试图论证随着各种形式的赞助的削减，西方音乐一旦获得自主性，就体现出和声、复调和对位的理性原则。现代记谱法大大地促进了音乐演奏的广泛普及，"非理性的"即兴表演的空间却变小了。进一步说，一些特殊乐器的发明也为西方音乐不断增强的理性化奠定了必要的物质基础。例如，非西方文化体中没有钢琴、小提琴和风琴的对应乐器。音乐作为一个独立的领域，其内部（音乐形式的理性结构）和外部（特定的社会和经济条件）都发展起来了（Weber，1978）。

虽然韦伯西方中心论的理性概念最终削弱了他的整体论点（东方文化产生了不同的但在音乐上同样有效的理性形式，连同对应的乐器），但他的文化社会学的基本路径与那些简化论的方法是不同的，后者将经济和阶级利益与文化生产的形式直接联系起来。为了充分地阐释复杂的文化现象，重要的是既要考察文化现象外部的决定因素（例如，特定乐器的技术上的完善）和内部的形式特征（系统的音调节拍和记谱法），也要将两者都作为物质力量来把握。韦伯特别厌恶对艺术和文化所做的简单粗糙的唯物主义分析，他把这种分析与马

克思主义联系起来。在德国社会学联合会（German Sociological Association Conference，1910）的"科技和文化"主题大会上，韦伯批评了所有试图将美学形式和技术直接联系起来的做法。其实，美学形式和文化的联系不是直接的，而是要经过人类经验和技术的中介：

> 但是……我们要问现代科技是否和形式—美学价值毫无关系；我的回答无疑是肯定的。这样说，是因为我们现代艺术文化的全部特定的形式价值之所以能够产生，就在于现代城市存在着有轨电车、地铁、电和其他光源、商店橱窗、购物中心、音乐厅和餐馆，整个的音调狂舞和色彩印象，性幻想的混杂感觉和各种心态的体验……我相信，人们如果没有体验过现代城市的人潮涌动、夜晚的斑斓光影和交通工具，就无法领会现代绘画的全部的特殊价值。在我看来，如果没有现代都市造成的印象——这种景观在历史上从没出现过——白天强劲有力，夜晚令人倾倒，现代绘画的某些形式价值就根本无从实现。（Whimster and Lash，1987，pp. 279 - 280）

韦伯是少数几个认识到现代文化转变为美学形象的种种复杂方式的社会学家之一。尽管他的分析与西美尔和本雅明的著作非常接近，但韦伯学说的重要性更在于他试图将这一过程放置在一个自主的价值领域发展的理论中，也就是"生活秩序"的分化，其特征是每一个领域都具有特定的内在价值。不再有一个单一的、一统天下的世界观或者意识形态将社会世界统一和整合起来——就像前现代社会一样，相反，取而代之的是一种多元的、去中心的文化，其中既没有普世性的价值，也没有确定性，只有怀疑主义和价值相对主义。

文化和自主原则

韦伯的价值领域——政治和经济、智力和科学、性爱和个

第二章
文化的理论化：韦伯、西美尔和社会行为

人——是在社会发展过程中获得自主性的。每个领域都有自身内在的逻辑，并独立于别的领域。韦伯非常清楚，将各不相同的领域混合起来，或者简化为比如说生产方式那样的单一的支配因素是不恰当的。例如，在 1919 年他为巴伐利亚剧作家恩斯特·托勒尔（Ernst Toller）做辩护时，就反对德国政府对托勒尔叛国的指控，该指控针对托勒尔在慕尼黑参加了夭折的共产党起义。托勒尔将革命、政治和艺术价值融合起来，但他并不理解现代世界的不可简化的多样性。对托勒尔来说，爱、政治和艺术是一体的：

> 艺术不再飞离生活，而是生活本身。在无产阶级威武雄壮的阶级斗争中，闪耀着快乐的神圣火花，它照亮了脱离悲惨世界的道路，照亮了通向新社会的艺术作品的前景。

虽然韦伯对这种观点毫不认同，但他依然为托勒尔辩护，这是因为托勒尔的正直、原则、信念和他自己没有完全认识到的他的行动所带来的结果。他认为托勒尔实际上对经济、政治或者社会主义一无所知："上帝在愤怒中选择托勒尔，使他成了一个政治家。"（Dahlmann，1987）

托勒尔拒绝多样化及试图将政治和艺术综合起来的做法，预示了布莱希特（Brecht）的充满政治意味的戏剧的诞生。布莱希特史诗戏剧的基本原则就是戏剧形式构成了阶级斗争的一个有机部分，唤醒个人意识及经济和政治力量在社会中的作用，这样的观点明显地与韦伯的文化现代性观点背道而驰。布莱希特将政治、经济和文化熔为一炉，认为艺术是寻求社会转变的一种实践形式，体现了一种有意识地反对自主原则和"无功利性"的立场。

韦伯观点的力量在于，对由诸如法西斯主义这样的集权政体所实行的意识形态文化政治的隐秘抗拒。在这种政体里，艺术和美学所有的自主性痕迹都被抹杀了，文化和社会之间的界限也荡然无存。然而，韦伯的文化分化模式对文化社会学提出了严肃的问题：多元

化将文化变成了网状概念，切断了文化与权力和权力关系的联系。相反，马克思主义者葛兰西认为文化是部分自主的，但却总是与经济结构和阶级力量缠绕在一起：文化既是一个"高级领域"，也是一个基于权力关系的领域。韦伯的领域似乎漂浮在各种社会特性之上，遵循着一种不受外部世界的事件、实践和结构影响的理想的内在逻辑。

在他关于现代文化的起源的研究中，韦伯将关于欧洲世界渐进的理性化的宽广历史主题和人性的"内在理性"联系起来。后者一以贯之的禁欲和自律被看作社会发展的基础。这样的陈述虽然批评了马克思主义的实证唯物主义，但它的缺点是牺牲了唯物主义而流露出过多的唯心主义。因此，尽管韦伯是就行动、意义和社会关系纽带，以及行动者生产意义并依照意义而行动的方式来理解和思考文化的，但分化主题仍然是过于抽象的和非历史的。分化主题没有提供分析概念或范畴将文化和其他社会因素联系起来。更重要的是，它缺乏历史特殊性。韦伯领域的时间跨度是什么？这些领域总是和现代性相联系吗？如果是的话，它们又总是自主的吗？例如，在文艺复兴时期的佛罗伦萨，不同的领域出现了，它们正是通过自己的内在逻辑和特殊实践建立起自己的自主性的。无论如何，美学领域与经济生产及政治庇护之间维持着紧密的联系。例如，迈克·巴克桑达尔（Michael Baxandall）已经表明，在15世纪的佛罗伦萨，画家在商业和艺术领域中同样活跃，所以，计量容器的普遍使用，比如说桶，就影响了艺术家观察和表现自然物体的方式。精确计量桶的容积的技巧高度专业化，画家皮耶罗·德拉·法兰西斯卡（Piero della Francesca）还专门为商人写了一份数学小册子：

> 皮耶罗或任何画家用于分析他的绘画形式的技巧，与皮耶罗或任何商人检查质量的技巧是一样的。皮耶罗所体现出来的测量与绘画的关联是很真实的。另一方面，许多画家本身也是商人，经历过业余学校的数学中等教育：这就是他们知道和使

第二章
文化的理论化：韦伯、西美尔和社会行为

用的几何学。(Baxandall，1988，p.87)

这个例子并没有说明自主的、内部调控的各个领域的发展，而是表明部分自主的、重叠的结构是文化发展的主要特征。

虽然，韦伯的分化观点有益于将起作用的自主原则定位在历史和文化的发展中，但却往往会把这种独立的结构与它对更广泛的社会力量的依赖关系割裂开来。把文化理解为一个由自己的特殊规律主导的独立领域，是后来诸如帕森斯和哈贝马斯（Habermas）这样的社会学家的特点。然而，一心只关注文化的内在属性，会有这样的风险，即将文化与历史进程割裂开来，并设想自主原则是必然发生的分化过程自动的产物。文化的自主性不是由外界赋予的：自主性必须是个体和集体共同努力的结果。首要的是，自主原则一定不能被变成非历史的抽象物，而应该牢牢地扎根在历史的特殊性中。

西美尔：现代性和文化悲剧

在所有古典社会学家中，格奥尔格·西美尔使得现代文化问题成了他的社会学研究的核心。西美尔出版了大量关于艺术和文学的著作［如但丁（Dante）和罗丹（Lodin）］，并且分析了商业博览会和阿尔卑斯旅游这样的新现象，以及现代文化中的女性及其性别角色的改变、时尚意义和现代性表现形式上的纷繁复杂等问题。但是他对文化社会学最主要的贡献是他的《货币哲学》（*Philosophy of Money*，1900），这本书对于多年后卢卡奇和法兰克福学派开展的异化和文化研究起了关键的作用。

正如韦伯那样，西美尔也把积极的人类行动者之间的社会互动形式规定为社会学的主要研究对象，这种社会化的结构牵涉着错综复杂的文化意义。西美尔抛弃了实证主义的观点，即社会构成了一个客观的外部系统，主宰着社会成员。相反，西美尔认为，社会应

当是按照关系来理解的,是一种多层次互动的纵横交错的网络。西美尔反对对社会行为的心理学解释,认为社会学本质上关注的是"相互肯定",也就是个人与其他人的行为举止产生关联的方式。西美尔首先试图避免的是他认为是由马克思主义所设想的社会虚假的整体化。社会不是围绕经济发展的客观规律而建立起来的事物或系统,而是一个复杂的"迷宫",许多因素在其中无休止地相互作用:

> 社会不是一个绝对的整体,首先它必须存在,以便社会成员之间所有的关系类型——上下级关系、协作关系、劳动分工、交换关系……都能够在自身框架里发展或者得到再现;社会仅仅是这些集体互动的总和。当然,任何一种互动都可以被取消而社会却依然存在,条件是有足够数量的别的互动形式断续存在。如果所有互动都停止了,社会也就不存在了。(Simmel, 1990, p. 175)

这样,与社会学的实证主义和机械论的马克思主义针锋相对,西美尔试图重新提出社会是人类的社会行为的产物的概念。他声称,传统社会学倾向于忽视"我们在经验中遭遇"的"真正的社会生活"。西美尔的任务在于探究各种社会过程的"微观分子",即个体之间相互交织的看不见的线索,从而让构成社会化和互动的隐秘关系大白于天下。这种探究的焦点是对诸如舞会和聚会这类群体性的与私密的社会及社会集合所体现的重要社会关系进行微观社会学的阐释。然而,尽管他批评马克思主义的整体倾向,但西美尔清楚地表明他自己的创见只是对马克思的历史社会理论的补充,而不是替代,是在历史唯物主义下面建构一个新的层次,这样就可以保持将经济生活纳入知识文化事业之成因中的阐释价值了,而这些经济形式也可以被视作更加深刻的价值观念和心理活动,甚至形而上学的前提条件导致的结果(Simmel, 1990, p. 56)。

在《货币哲学》里,西美尔对货币在现代工业社会中的社会和文化意义作了详尽的"现象学"分析。在早期的一篇随笔《现代文化中的货币》（Money in Modern Culture，1896）里，他对历史唯物主义将"整个文化过程建立在经济条件之上"的理论进行了批评，强调文化生活的终极源头并不是物质生产，而是形而上学的"一个神圣的秘密"（Simmel，1991）。然而，尽管文化的起源也许会被层层迷雾掩盖起来，但是现代性的文化特性可以用韦伯的术语描绘为分化的和自主的。分化过程的结果是必然把个体从客体世界中分离开来，从而推动文化多元化和独立的自主的文化形式的出现。但是，文化现代性并不仅仅是自主性的扩展，而是一个辩证的转变过程。在这个过程中，文化形式由体现人类活动和价值的文化产品转变为与人类行为和价值相分离的外在的事实和事物。这样一来，现代文化的发展就必然会日益走向社会和个体生活的异化与碎片化。

现代性文化

作为法兰克福学派对大众社会和文化的批判的先驱，西美尔注意到新的生产技术是如何催生了消费主义和一个"现代人"被大堆大堆文化产品包围的社会的。现代文化倾向于一个水平化的过程，在其中，文化产品的内在价值承受着"将千差万别的因素一律转化为货币"的痛苦。西美尔所说的"文化悲剧"正是这种将一切事物都简化为一个层面的倾向，"现代时期理性的、精打细算的本性反对先前时代更富有激情的、整体观的感性的人格"（Simmel，1991，p.28）。

西美尔主要依据科学、技术和客观知识高速发展与主观的个体文化一步步遭受侵蚀之间的紧张关系来对现代性进行理论思考。"每天，在任何方面，客观文化的势力都在增长，但是个体心灵只有更加远离这种文化，才能丰富它自己的发展形式和内容……"结果就是出现了一个建立在量化的和金钱关系之上的、外在的和非人的文化（Simmel, 1991, pp. 446 - 448）。在论及 1896 年的柏林贸易博览会时，西美尔强调，随着生产领域的专业化趋势的加剧，一个更加分化的消费模式弥补了个体"在劳动分工中的片面和单一的角色"。西美尔在这里的分析从表面上看接近马克思对资本主义社会关系的批判，强调的是劳动力转化为一个客观上脱离了劳动者的商品。"生活的积极主动的一面的分化很明显得到了其消极被动的一面的补偿"（Simmel, 1991, p. 120）。在一种充满了不停息的、永远高涨的狂热活力的文化里，"意义的核心从我们的指缝中滑落了"（Simmel, 1991, p. 23）。

这样，文化这一关于意义和目的的领域，就变得外在化了，在他著名的关于城市化的文章中，西美尔描绘了体现在物质上的宏大的现代性文化与个体知晓和理解这一过程的有限能力之间日益加大的鸿沟。人类行动者变成了一个微不足道的数字，无法以有意义的形式与客观文化联系起来，而日益"成为巨大的事物和权力组织中的一颗螺丝钉，该组织为了将他们从主观形式转变为纯粹客观生活的形式而剥夺了他们手里所有的进步、精神和价值"（Simmel, 1950, p. 442）。因此，尽管现代社会的文化与前工业文化相比，能使个体扮演多种角色及参与更多样化的社会团体——个体不再沉浸在制约着个人发展和个性成长的亲属关系或者狭窄的职业范围里，但这一从文化同质到文化分化的转变付出了巨大的代价。基于日益加剧的专业化的文化的客观物化，使主体和他的产品之间产生了疏离（estrangement），产品的"纯粹数量"作为一种外在的、自主的实体与个体构成对峙："文化产品越来越演变成了一个相互联结的封闭世界。在这里，主体的心智越来越难找到一些基点来掺入他的意志和情感。"（Simmel, 1990, p. 46）

因此，在另一个层面上，西美尔主张社会发展必然会导向一种去中心的文化，该文化的特征是在盘根错节的不同社会群体里的多

第二章
文化的理论化:韦伯、西美尔和社会行为

重参与。但由于现代社会已经在制度上去中心化了,因此文化也越来越理性化,而货币也"不带任何感情色彩、冷漠无情"地构成了一切价值的基础:量的价值取代了质的价值,世界通过数学公式而结构起来,社会生活被"固定的和非人的时间表"弄得毫无情趣。守时、精细和准确统领了一切文化生活领域。日常生活本身也渐渐地被"连续的数学运算"的理性规则所主宰。因此,随着劳动分工和货币经济的进一步发展,客观文化和主观文化之间的紧张关系也日益加剧了。现代文化的危机就在于现代性的逻辑,这种逻辑将富于创造性的主体变成了消极的客体,将人类文化成果物化,并最终消除了有目的的人类行为。

西美尔运用"文化悲剧"这一术语来描绘文化分化和"方兴未艾的多样性"的实现过程,这一过程使得"主体文化"(自我的内在状态在美学作品中的外在表现的实现过程)也陷入深深的危机之中:

> 这样,现代人典型的问题处境也形成了。他的存在感被无穷无尽的文化元素所包围,这些元素对于他、对于本质的分析都是毫无意义的。这些东西全都压迫着他,他没有办法吸收和同化它们,也不能一股脑儿地拒绝它们,因为,毕竟它们潜在地属于他的文化发展领域。(Simmel,1990,p.186)

悲剧就在于现代人类无法成功地将客观物质文化融入主观的个体表述之中。但是,这种"客观化"对于个体到底意味着什么?难道现代文化世界果真建立了一个外在的现实或者结构,并使其凌驾于个体之上?或者只有当行动者将它们成功地吸收同化到他或她的意识之中,文化的客观产品才会具有意义?西美尔对文化理性以及货币经济日益渗透社会生活的现象的分析,表明零碎而转瞬即逝的日常生活经验与文化无法提供更高级的一致性目的之间存在对等关系。西美尔引入"距离情致"(pathos of distance)的概念,进一步解释复杂的文化辩证法。他的主要观点是,只有从构成现实的文化客体退回来，人类主体才能把握现实的本质。货币经济，特别是其发达的资本主义形式，促成了这种距离感（例如，信用交易的扩展大大降低了货币交换中个人的心理上的即时性）。文化的发展就是这样围绕着明显不可调和的矛盾而形成，西美尔的文化悲观主义的根源在于，他认为有丰富内在生活的主观文化，其基础必定建立在文化的客观化之中。只有那样，人类的创造潜能才能转化成现实。

然而，这样的主题过于抽象，还脱离历史语境，文化悲剧被归并到分化的普遍规律之下。在这里，决定论和宿命论的视角一目了然：客观文化和主观文化之分成为现代性的永恒特征，这种分类法构成了对现代文化中一种独特趋向的推理依据，就是将文化产品变成商品，并让市场和商业的标准大举入侵文化领域。西美尔的文化社会学从来就没有系统详细地研究过生产关系。商品拜物教（西美尔的文化客观化）代表了文化内涵的一个特殊案例，但是不能将此作为主要元素来分析。文化发展的具体情形比西美尔的抽象模式所表明的要复杂和丰富得多。正如马克思主义文化理论家西格弗莱德·克拉考尔（Sigfried Kracauer）指出的，西美尔的分析是站在历史时间之外的；也许人们还可以补充说，它们缺乏充分的语境基础。西美尔的文化社会学是哲学的而不是社会学的批判，是一种"元叙事"，"生活概念"在其中充当了文化的主要源流和强劲动力（Frisby，1985，p. 119）。

西美尔没有提出任何文化分析的特殊概念——距离、悲剧、碎片化和物化，形成了泛泛的批评的一部分。在这里，任何一个因素都是孤立的，并且被嵌入了普遍规律之中，因此没有为别的行为模式预留空间，也不会让人意识到文化在与现存权力关系的社会斗争和对立中也有自己的作用。文化产品的不同形式之间的联系被如此抽象地论述，以至于丰富多彩的文化形式和制度脱离了具体的社会历史语境而处于自由飘浮的状态。西美尔从来没有问及文化如何发生变化，而在这种变化中又有哪些因素被涉及。文化形式的具体起

第二章
文化的理论化：韦伯、西美尔和社会行为

源被忽略了，令人惊叹的是，这样的疏漏（lacunae）却并没有妨碍当今人们试图将西美尔奉为文化社会学的代表人物。还有，西美尔在分析各种文化形式时——不管是伦勃朗（Rembrandt）的绘画还是集贸市场——都没有将其置于文化生产的具体背景框架里，也不尝试去揭示艺术产品与其他社会特征的联系。西美尔的文化社会学仍然局限在研究美学问题的传统方法里，不能毅然决然地突破高度个性化的方法论和分析模式。客观文化和主观文化之间的虚假矛盾抹杀了文化的交流基础，以及个体间通过意义和价值的生产产生相互关联的方式。

西美尔文化理论的特点是，它是一种打了折扣的唯物主义：没有解释文化形式的起源，而历史维度也给出得过于抽象。西美尔的微观分析牺牲了广阔的、宏观的结构。他雄心勃勃地要在历史唯物主义理论前提下创建一个"新的层面"，但却注定是力不从心的：这是因为他仅仅在上层建筑的框架里探讨文化，割断了文化与在具体语境中生产和再生产文化的那些行动者和制度之间的生动关联。涂尔干指出，西美尔喜欢将社会学研究的领域简化到"极端的不确定"状态，各种理论学说的界定在其中随着"主观臆断"和"个人情绪"而起伏不定。西美尔提出的问题与具有决定意义的客观事实范畴毫不相关：它们只是哲学沉思的一般主题。而且，预见到西美尔会以其泯灭理论的严格界定和缺乏严格的方法而吸引后来的后现代社会学认同它，涂尔干得出结论说："正是因为感情用事，所以他所处理的问题都是含糊不清的、漫无边际的或是笼统概括的。"（Durkheim, 1982，p. 193）

第三章
文化工业的问题

我已经指出葛兰西对马克思主义文化理论的贡献包括权力场域和集体行动者这两个概念。对立的社会团体在权力场域中争夺统治权和合法性,而集体行动者的实践活动则构建了社会世界。文化是历史的、政治的和制度的,在意识形态和行为两个层面上都发挥作用。通过葛兰西文化部分自主的理论,就有可能把握文化盟主权的极端复杂性。盟主权提供了一个空间,使从属群体能够批判地吸收统治阶级的价值观念,同时产生社会行动所必需的替代价值。

与葛兰西的唯意志论形成尖锐对立的是,法兰克福学派的批判理论精心阐述了一种更具决定论意味和在政治上更悲观的马克思主义文化理论。批判理论主要聚焦于社会整合问题和新兴的大众媒介以及大众文化在维持社会秩序中所扮演的角色之上。葛兰西的著作被归入所谓的"西方马克思主义"传统中(包括法兰克福学派、卢卡齐、布洛赫和本雅明),因为其强调文化在历史形态的起源和社会变迁中的构建作用[与苏联马克思主义的唯经济论(economism)相区别],这种观点误人不浅。因为,葛兰西的马克思主义建立在历史特殊性原则和工人阶级改造社会的能力的基础上。知识分子扮演的角色十分重要:与法兰克福学派所设想的不同,问题不是知识分子对剥削性的和高度理性的资本主义提出批判,而是他们要在大众文化和意识与革命性的社会变化进程之间建立联系。虽然在法兰克福学派和葛兰西的马克思主义中,文化分析都成了关键因素,但西方

第三章
文化工业的问题

马克思主义宽阔的理论视野所生成的理论概念是一种"批判"学说，不是关于资本主义文明和文化的科学，而是一种围绕实践、异化、解放和乌托邦等人文主义理念建立起来的哲学观点。因此，虽然法兰克福学派也分析现代资本主义的经济和政治问题——特别是在纽曼（F. Neumann）和普洛克（F. Pollock）的著作中，但他们的重心主要不在于建立一种关于社会形态的历史社会学，也不在于展开对现代社会复杂的阶级结构和社会斗争的不同形式的经验研究，以及对决定经济和社会变化的规律作出说明。

从一开始，批判理论就将自己与所有形式的实证主义［或者是霍克海默（Horkheimer）所称的传统理论］区别开来，强调社会历史过程的未完成的、不完整的性质，致力于揭示其内在的、隐蔽的倾向（人类解放和自由的潜能）：

> 由于肩负着反对胆怯和背叛，维护遭受危险和牺牲的人类潜能的职责，批判理论不能由哲学来补充。它要公开表达的仅仅是它的理论范畴的基础：宣称通过废除眼下既成的人类存在的物质条件，人类关系就能从整体上获得解放。(Marcuse, 1968, p. 145)

对批判理论来说，没有由"事实"组成的客观世界，而只有通过历史实践的调整和围绕着可能性和变化建立起来的知识形式。

从方法论上说，法兰克福学派攻击传统马克思主义的简化论，主张不同领域的相对自主，这些领域构成了社会，特别是政治和文化领域。黑格尔式的总体性概念是理解历史进程和社会结构的关键。社会整体的各种元素通过各种矛盾和对立而彼此联结起来，同时又保持了它们相对于经济结构的自主性。在这个意义上，所有的事实都可以被视为一个更大的整体的元素，这个整体既包括"特殊"也包括"普遍"。所以，尽管劳动分工客观地确立了一个特殊的职业结构，其中包含着集体性的社会劳动，但同样表达了普遍的人类利益，这种人类利益与解放和摆脱必然性的自由联系在一起。

西方马克思主义强调超级结构，这表明它显然更多地受惠于黑格尔的唯心主义哲学，而非马克思的唯物主义本体论。例如，历史在他们那里就是被作为一种客观目的来思考的，包含着人类解放的终极目的。但是，这一历史目的却不是依据对生产力和生产关系的具体分析，也不是依据特定生产方式的矛盾，而是通过文化的哲学批判的立场表达出来的。正是基于这些原因，类似恩斯特·布洛赫的《乌托邦精神》（The spirit of Utopia，1920）这样的著作凭借观念性的、整体观的和弥赛亚式的文化观念而成为法兰克福学派的范本。该文化观念认为，在现代资本主义的压制下，文化凋零破碎，失去了人性的光辉。布洛赫声称自己的马克思主义属于"暖流"（人道主义的和解放性的），与"寒流"（科学的和经济决定论的）有着明显的区别。他强调社会现实的内在开放性质，认为这种丰富和复杂的潜能无法依靠马克思所谓的"铁律"和历史必然性来生成。

布洛赫的主要概念"未然"（not yet）就是为了反对预先决定未来的僵化理念，且深深地植根于社会历史现实之中，因为任何可能的未来都必须依据社会历史进程的趋向。"未然"是当下现实的一种暗含的在场，通过人类行动将它的潜能转化成为现实。文化为社会变化提供了基础。随着文化形式的丰富和发展，它们便试图超越自身的物质基础，而导向布洛赫所称的文化剩余（cultural surplus）。在文学和其他艺术类型（包括民间故事），在狂欢和梦想中所体现出来的乌托邦式的希望和渴求、思想和意愿之中，这种文化剩余历历可见。

希望原理深深地植根于乌托邦之中。布洛赫批评马克思推崇科学马克思主义和唯物主义、而贬抑乌托邦的概念和传统的做法，认为如此一来，社会主义的目标就变成了一种狭隘的功利主义，例如膨胀的消费主义。布洛赫将这描述为"红色的庸人气息"。他认为乌托邦和马克思主义远非彼此对抗，而是相互补充的。乌托邦构成了期望领域和人类行动的基础，而马克思则开展了知识和社会分析。布洛赫也许会欣赏奥斯卡·王尔德（Oscar Wilde）的格言，即"不

第三章
文化工业的问题

包括乌托邦的世界地图不值得看上一眼……进步就是乌托邦的实现"（Wilde，1955）。因为乌托邦思想的创造力蕴涵在它对人类行动者的创造性角色的强调上。乌托邦反抗资本主义的支配倾向将文化由一个生机勃勃的过程变成一个死气沉沉的事物和客体的领域，将个体降低为历史过程的消极产物。乌托邦将"这里和现在"放到有目的的自由行动中，从而使历史和自然人性化了。这种有目的的行动与以解放和自由为核心原则的没有阶级的社会理想紧密相连。

也许，布洛赫马克思主义的核心，它的黑格尔主义遗产就是其对历史内在目的性的信念，它的现实性根基处在一个乌托邦式的整体之中，这种整体观成功地超越了资本主义文化残破零碎的"未然"特性。正是关于这个乌托邦实现的可能性的理论，在法兰克福学派的文化理论中扮演着关键的角色。布洛赫拒绝任何将社会转变置于僵化的连续步骤之中的马克思主义，认为这种"机械论的立场"把现实变得狭隘和单调了。马克思主义的目标不是建立一种不可避免的经济规律作用的实证科学，而是对社会怎样通过人类实践而得以创造和重建的说明。这是卢卡奇的观点，在类似《历史与阶级意识》（History and Class Consciousness，1923）这样的书中，他对文化批评方法的强调超过了对历史的、社会经济的分析的强调。由于受到西美尔的悲观文化社会学的影响，卢卡奇和布洛赫都将探求真理的希望寄托在超历史过程和人类最广大的阶级即无产阶级特有的本体论上。更需特别注意的是，认为文化作为一个有机的和谐整体在工业资本主义和现代性的冲击下日益碎片化的思想，成了上述这两位马克思主义理论家的主要观点之一。

文化的辩证法

在与传统马克思主义形成强烈对比的状态下，法兰克福学派的理论家们［如阿多诺、霍克海默和马尔库塞（Marcuse）］吸收了乌托邦和历史内在特性的概念，拒绝将文化视为一个统一的整体。阿多诺特别批评了卢卡奇和布洛赫对过去时代所作的怀乡病式的理论解读。这种唯心主义的文化观念不是源于马克思，而是源于19世纪的历史哲学，后者将文化的作用看作整个社会和文明的表现；或者源于新兴的人类学，其将文化看作"整体的生活方式"，通常包括仪式、社会价值、制度等。同样，阿多诺也批评那些将文化等同于"精神福祉"的理论，以及将文化与艺术排他性地联系起来的做法。阿多诺尤其反对卢卡奇虚假的二律背反论，即将神话般的、前资本主义的整体性文化与碎片化的、断裂的和异化的现代文化形式对立起来。卢卡奇指出，经济生产和文化之间存在着必然的、直接的联系。他认为，随着资本主义危机的加剧，文化也举步维艰；既然资本主义衰落了，那么文化也必然衰落。这种简化论无法认识到的是，其实，正是资本主义的生产方式使文化摆脱外在压力和制度限制，从而实现了自主性的愿望。

在前资本主义社会里，文化与经济、政治和宗教权威捆绑在一起，尽管文化通过斗争反抗这些强权。18、19世纪目睹了新的社会群体、社会阶级和社会制度的诞生，它们从传统的赞助制度和国家控制的模式中独立出来（也就是法兰克福学派定义的"公共领域"），文化和文化生产建立起了一个真正自主的领域。文化自主性的这一缓慢发展过程导致了在不同形式的文化生产与社会之间，形成了一种更具批判和辩证特色的关系。一旦文化确立了自己的独特领域（即使没有获得完全的自主），它的价值就不再只是由赞助人和市场，或者是更广大的资本主义体系及其政治文化来决定的了，而是从属于一种普世的、人道主义的和解放性的逻辑。文化成为"对立"性的，成为一种针对资本主义经济的非人性逻辑的抗议。文化就这样表达了与既有现实背道而驰的价值、希望和期待。

这种"肯定的文化"，也称作"资本主义时代的遗产"，建立在

第三章
文化工业的问题

马尔库塞所谓的"精神价值"之上,基本上是一种理想主义:"它对孤立个体的需要报以普遍的人性,对肉体的苦难报以灵魂的美丽,对外在的奴役报以内在的自由,对野蛮的自我中心主义报以道德领域的责任"(Marcuse, 1968, p.98)。虽然这种"肯定的文化"被马尔库塞所界定,但只有到了阿多诺那里,它才获得历史的根基。它的经验主义形式仅仅存在于现代资本主义社会的框架之中,社会不平等、等级制、权力和社会地位在其中对文化的自主和希望前景构成了挑战。对阿多诺来说,文化只有在和"社会的真实历史进程"发生必要的关联时才能发展,但是文化内在的普世性必定会驱使它与社会发生冲突。

文化与经济的关系是辩证的:资本主义为文化自主奠定了结构性基础,允许文化实现自己的愿望和成为真实的自我,同时也释放出了为文化的分化衍生提供基础的各种力量。阿多诺精辟的辩证法表明,对文化的威胁直接来自那些使文化自主得以实现的因素。

法兰克福学派文化分析的主要概念之———公共领域——被霍克海默广泛地用来指涉那些文化机构(尤其是教育和媒体)。在这些机构里,资产阶级成功地组建了公共信息和论争的结构,并致力于将对国家事务的民主化治理制度化。公共领域的发展紧密对应于独立的资产阶级的出现,这个阶级竭力争夺对前资本主义制度和文化的政治支配权。然而,资本主义高度集中的经济和政体的普遍发展趋势带来了这样的结果,即它所促成的集体主义意识形态与公共领域的自由主义意识形态水火不容。现在的重点不再是独立个体的概念,而是对当前社会通行标准的普遍依附。霍克海默说:"独立个体的理念在工业化的进程中已经无地自容了,人类关系达到了这样一种状态,即经济规律凌驾于所有的人际关系之上……变成了新的、赤裸裸的命令和服从的形式。"(Horkheimer, 1972)对霍克海默来说,曾经一度作为个体社会化过程的核心的家庭失去了它的教育和文化的功能,因为个体日益通过外在的制度来实现自身的社会化;

其结果是人性的衰微,个体变成机器上的微不足道的一个个齿轮,反思意识和闲暇时光被官僚组织和管理机构毫无人性的制度规范吞噬。

43 资本主义经济和政治的逻辑不可避免地会导向公共领域的销蚀。现代资本主义社会结构的特征不再是强大的、独立的制度——这种制度保证了个体价值和自由的实现。独立的个体消失了,新的社会整合模式产生了,建立在"文化工业"概念的基础上。这是一种围绕着资本主义经济规律组织起来的集体性的结构,是一种高度理性的文化生产系统,它有效地将个体社会化为一种被动和顺从的状态。文化工业是从公共领域的废墟中发展起来的。因为随着企业联合和垄断的加剧及自由竞争的消失,现代资本主义的核心制度没有为自主性和自由提供空间。官僚主义、理性和管理部门统治着社会。公共领域式微,原子化的社会结构代替了资本主义"肯定的文化"的结构性多元主义。

科学在从公共领域到文化工业的转变中扮演着重要的"工具"性角色,资产阶级科学的那种科学主义的、反人文的规则弥漫了整个社会,无情地导向一种以技术和官僚为核心的新的统治模式。对法兰克福学派来说,建立在精打细算和实用规则基础上的理性的"工具主义"形式,渗透了所有的文化形式和社会生活;工具的或形式的理性(这个术语来自韦伯)主要关注当今社会的有效运转,关注组织机构身边的实际问题和有限的目的。相反,"实质理性"主要关注"终极问题",这种理性聚焦于人类社会实现人类自由和公平,以及由普世价值主导的社会生活实现的可能性。文化工业(这个概念包括电影、电视、书籍、杂志、报纸、体育和休闲)通过工具理性的运作,否定了启蒙哲学的实质理性,也否定了启蒙哲学的信念,即为了全体人类的进步,理性将会征服社会世界。意识于是从目的性行为、批判价值和实践的领域中分离出来。人际关系日益趋向物与物的关系,类似于社会中普遍存在的商品结构。这种由文化工业

第三章
文化工业的问题

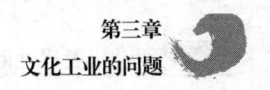

所支配的社会,阿多诺称其为:"虚假遍布于一切文化交流形式之中。"(Adorno,1991,p.90)

文化工业和音乐

在现代社会中,文化日益失去了自己的批判功能。它不再通过抵制"支配世界"的形式理性来支持真理,而是越来越处于商品规则的影响之下。文化中抵制商品化的"高级领域"(现代主义、先锋派)和趋从于商品交换规则的"低级领域"(文化工业产品)之间出现了分裂。在《文化与管理》(Culture and Administration)一文中,阿多诺提出,一旦文化被形式或工具理性所左右,依照这样的方式策划和管理,必定会不可挽救地受到损害。主导文化的标准不是文化本身内在的,而是从外部强加的(Adorno,1991,Ch.4)。

文化工业理论是阿多诺和霍克海默在《启蒙辩证法》(*Dialectic of Enlightenment*)中首先提出来的,常常被解释为一群流亡的文化精英在被迫从传统的欧洲文化移植到完全以商品规则为基础的文化中的情况下,所作出的深刻而悲观的思想上的反应。美国的大众媒体,尤其是广播和小说,受制于大规模生产的技术和制造同质的大众群体这一目标;而在当代欧洲文化中,这种趋势还基本没有出现。然而,仅仅将文化工业理论放置在一个特定的社会语境中加以考察,会忽略它更宽广的结构层次,这些结构层次是不同资本主义社会及其各自独特的历史传统的组成部分。另外,文化工业没有将自己仅仅限定在通俗艺术形式的领域,也不是一定要在高雅文化和通俗文化之间画一条虚假的分界线。例如,在阿多诺早期对瓦格纳(Wagner)的研究中,他将文化工业的起源追溯到19世纪的下半叶,特别是高雅文化本身。他认为,文化工业的历史语境是商品化了的大众文化,如报纸和杂志的大量发行、通俗戏剧和通俗歌曲的出现,还有廉价小说的批量生产。但同样自相矛盾的是，在那些现代艺术家的作品中也能找到大众文化的内在固有规则，如瓦格纳就致力于追随"纯艺术"或者"纯音乐"的理想。

瓦格纳将自己的歌剧看作"属于未来的艺术作品"，这是一个审美文化的顶峰，其将音乐、戏剧和绘画等不同领域合成为一个自足的整体，并要求观众全身心地投入。瓦格纳的歌剧不仅仅是一种消极的娱乐，其音乐和舞台布景也是为了寻欢作乐的资产阶级公众而设计的；因为，只有摆脱了对资产阶级文化的依赖的艺术才是独立自主的。但是阿多诺认为，瓦格纳的说法是错误的：他的歌剧所体现的恰恰是文化工业的典型特征。瓦格纳以整体的名义贬低了个性的价值；历史的维度消失了，取而代之的是时间的"空间化"及将历史语境与神话混为一谈；混杂喧闹的声音遮蔽了所有的和声，与之相连的是对音乐场景的突出和强调，而这要求消极的听众能够通过音乐主题无尽的重复来把握意义和结构。阿多诺认为更特别的是，通过营造一种建立在史前的和古代的神话基础上的对真实世界的幻觉，瓦格纳成功地将建立在劳动剥削基础上的工业资本主义的真实历史世界，转换为种种远离商品生产世界的社会形象。作为一种"幻觉效应"，瓦格纳的歌剧体现了大众文化的基本规则（Adorno, 1981）。

这是一个有趣的论断，也许用在别的作曲家身上会比瓦格纳更合适一些。19世纪的歌剧史，从梅耶贝尔（Meyerbeer）到普契尼（Puccini），都反映了这样一种趋势，即所谓的高雅文化调整自身以适应勃兴的中产阶层公众的需要，中产阶级有限的审美品位将艺术界定为娱乐和肤浅的景观。阿多诺和霍克海默将这一论断应用于20世纪，进一步在文化工业中看到现代工业社会（不论是资本主义国家还是社会主义国家）控制人民的手段不是暴力，而是通过文化。文化工业维持着社会秩序。

在现代社会里，启蒙的理想——自由、公平、个体独立被大众

第三章
文化工业的问题

的麻木顺从销蚀了,现代社会的原子化就这样在批量生产的艺术形式的商品属性之中有了自己的文化对等物。阿多诺将批量生产的艺术的特征定义为重复、"永不停止的重现"和"伪个人主义"(大众艺术的主题大同小异,但是经过风格化的处理后会多少带点新意,就好像是独创的而非出自佚名之手,花样翻新的流行音乐就属后者)。洛文塔尔(Leo Lowenthal)称大众文化为"颠倒的精神分析",因为它生产被压抑的、简单肤浅和唯我独尊的人格。阿多诺在他著名的文章《音乐的拜物教特性和听力的退化》(On the Fetishistic Character of Music and Regression of Hearing,1938)中回应了洛文塔尔的分析,他列举出了大众文化对艺术生产和接受的几点影响——"庸俗化"、"浅薄化"、标准化,以及越来越被焦虑、辛劳和无条件的温顺所束缚的公众之间无法进行交流的状态(Adrno,1991,p.27)。

阿多诺总结说,当代音乐生活已经"被商品形式统治"了,"空灵崇高的"音乐特性已经变成了现代广告的听觉背景。在大众消费的世界里,商品形式一统天下,交换价值成为享乐的主要目标。参加音乐"盛典"——如参加伦敦的逍遥音乐会(Promenade Concerts)或者在斯卡拉剧院(La Scala)和考文特花园(Covent Garden)歌剧院度过的第一晚——既是一个社交场合,也是一个艺术场合,是一种参与重要文化活动的特权之路,拥有一张入场券就拥有了快乐,而这种快乐常常比演出本身带来的快乐更重要。

对阿多诺来说,大众文化标准有效地决定了古典音乐领域的构成。大众文化根本没有完全脱离所谓的高雅文化而建起一个独立王国,因为全部文化都被商品形式所主宰着。古典音乐也带有标准化产品的"拜物教"特征(明星指挥和独唱演员,小范围的音乐会和歌剧保留节目)。当大众中的个体服从于社会的通行标准时,该过程也会找到音乐上的对应物,那就是听觉的退化,即听众消极然而却又主动地聆听,他们在瞬息间辨别出音素,但仅仅是为了在同样短的时间里将其忘掉。在古典音乐的广播中，原声音乐（soundbite），如一首短小的咏叹调、协奏曲或交响曲的一个乐章，都反映出一种越来越明显的趋势，就是将流行音乐手法运用到古典音乐文化中。而且，可以作为阿多诺论断的有力证据的是，在1996年，著名指挥家克劳迪奥·阿巴多（Claudio Abbado）冒险将DG唱片公司（Deutsche Grammophon）推向市场，从马勒（Mahler）的系列交响曲中抽出了四个柔板（adagios），制作了一张名叫"Adagio"的唱片。

在当代社会，原声音乐占据了重要地位，正如阿多诺所指出的，在这个词发明的50年前，个体在大众社会里都是像原子一般地听音乐。在一种极度消极的情绪下，他说："和运动、电影一道，大众音乐和新的聆听方式使得我们更加不可能逃脱整个幼稚的社会环境。"（Adorno，1991，p.41）阿多诺对现代运动深恶痛绝，因为他认为现代运动没有体现文化中的享乐因素，反而体现了一种"伪实践"。在这种"伪实践"中，大众文化成功地将自己外化为一种空洞的仪式，一种"大众文化的主体把自己作为权力的……真实基础来加以感受"的激情（Adorno，1989）。

文化、阶级和批判

阿多诺的文化概念在不同层次上都发挥作用。首先，文化拥有自己的独特领域，与经济、政治和社会领域相分离，文化的抱负在于它普世的和肯定的本质，在于它摒弃了所有功利的想法（"目的理性"），在于它关于自由的设想："艺术的社会性不在于它的政治姿态，而在于它对抗社会的内在动力……如果一定要艺术承担什么社会功能的话，那么，这个功能就是它不承担任何功能。"（Adorno，1984，p.322）

第三章
文化工业的问题

其次，这种理想的、本质主义的文化观念坚决对抗着现代大众文化基本的功利性和目的性的本质。在这个意义上，所有文化都对这个建立在剥削和不公正基础上的社会的"罪恶"担负着责任。在现代社会中，大众文化形式与更"本真的模式"共存。如此一来，不论何种形式的文化，都必须依据生产、再生产和接受这些概念和标准进行社会学的分析。最后，虽然文化必须被嵌入一个阶级不平等和阶级统治的系统中，但它却不会以任何显著的方式对应于阶级形态和阶级利益。如果过分地强调艺术家的社会背景或者探求其阶级属性、社会渊源与艺术创作之间的对应关系，就会削弱文化研究。阿多诺的方法是集中探讨一件艺术作品的内在结构，通过分析揭示"积淀"在美学形式中的社会对抗因素（Adorno，1976，pp. 56 - 57）。

艺术以复杂的形式表现社会和生活。例如，音乐作为最抽象的美学形式表现社会"生活过程"的方式，就是在表述和阐释现实的同时，提供对同一现实的批判。音乐表现社会现实的方式是通过提出关于自由和解放的问题来超越直接的、经验的社会形态。阿多诺认为贝多芬（Beethoven）就是这样的作曲家，贝多芬的作品表现出了新兴资产阶级的世俗人道主义和乐观主义，但是，他的音乐又超越了这个阶级狭隘的阶级利益和意识形态。要想从社会学上给贝多芬定位，就必须分析这名艺术家不断变化的社会角色：像贝多芬和莫扎特（Mozart）这样的作曲家不再依赖教会和贵族的赞助，他们可以自由地为市场和新型的公众创作音乐，这样的公众能够接受建立在紧张冲突和对比强烈的素材基础上的生机勃勃、层层推进的音乐特性。贝多芬肯定整体和一致的实现可能性，通过在有机统一的艺术整体观中调和冲突和差异来欢庆"美好社会"，并由此解决他的音乐世界中的所有内在张力。贝多芬的音乐代表了一种对碎片化的和异化的资本主义理性的批判立场。

从生产转到接受问题上来，阿多诺认为贝多芬的音乐逐渐被一种不断演变的资产阶级文化和一群保守公众所吸收。他们将作曲家"经典化",通过这样的接受将他的"人道主义精神"降低为对社会现状的仪式性的庆祝。对阿多诺来说,这是所有"伟大音乐作品"的命运:音乐在反抗市场经济独裁的过程中被创作出来,宣扬它的独立自主和所肩负的解放主体的使命,但音乐生产本身却依赖其与市场的关系。当音乐再生产的机制占支配地位时,该机制就会将音乐从"批判"转为"娱乐"(Adorno, 1976, pp. 221-223)。由此,通过"对一种既定社会秩序所采用的整合机制的多少有些仪式化的重复再现",音乐就发挥了型塑社会的作用。一方面,音乐可以激起一种整体性的批判感觉,产生一种团结一致的和社群性的社会意识;另一方面,文化工业将伟大的音乐变成商品,提供给消极的和原子化的公众(Adorno, 1973, p. 109)。

方法问题:文化产业和文化记忆

与马克思和葛兰西不同,法兰克福学派将资产阶级文化的主要成分定义为整体性和一致性,文化工业的理论压制了社会斗争的建构作用和现代社会的多元性质。他们还认为,文化和社会秩序之间存在直接的联系。当然,这其中也有历史特殊性的问题。正如哈贝马斯看到的,阿多诺和霍克海默认为资本主义的发展具有一种全球化的逻辑,所有的工业社会,不论是资本主义的还是国家社会主义的,都具有大体类似的结构,即原子化的大众与消除了所有实际对立和抵抗的高度集中的文化工业。他们看不到使人可以在自由主义、资产阶级民主和法西斯极权主义之间作出选择的任何机会。现代性的复杂性就这样被纳入了一个单向度的文化概念之中,没有为积极的行动者留下任何空间,只剩下消极的、被意识形态所规训教化的大众。

第三章
文化工业的问题

这就是阿多诺对《洛杉矶时报》(los Angeles Times)的占星术专栏进行研究时的任务,一种被他称为制度化迷信的内容分析。他指出,占星术培育了一种"普遍的和异化的依赖",加强了个体对自己弱小和"势单力薄"的感觉,并产生宿命论的和消极的生活态度。阿多诺在其著作中称,这类专栏的读者不可能用不同于他的分析结论的方法来理解占星术。阿多诺的研究强调内在的而不是外在的(接受)分析,个体被排除在理解性的、甚至批判性的判断之外,阿多诺的"读者"就像帕森斯的"行动者"一样是个"文化傻子",没有任何反思潜能。

文化工业操纵和控制艺术,消费主义和广告业联合,这些现象与标准化的商品生产一道,取代了批判的和创造性的文化表述:

> 文化工业的流水线性质,及其推出产品的全盘计划的方法(工厂化不仅仅存在于电台演播室,而且在廉价的传记、伪纪实小说和讽刺歌曲的编撰中也或多或少存在)非常适合于广告。效果、技巧和不断重复单片段的表现手法往往是为了广告目的,即用于产品展示……广告和文化工业在技术上和商业上都融合了。这二者间相同的地方真是数不胜数。同一文化产品的机械复制已经与宣传口号一模一样了……对效果的不断的强烈要求使得技术变成了心术,变成了操纵人的技法。(Adrono and Horkheimer,1973,p. 163)

这样看来,法兰克福学派的社会模式是封闭的和终极化的,是一个自上而下支配的系统,服从商品和剥削的非人逻辑。在这个语境下,接受行为的实际发生明显是有问题的。文化工业的主题提出,在艺术客体与其公众之间存在着名副其实的同质关系,文化消费者按照与艺术客体固有的和内在本质相符的方式来把握和吸收这种关系。坚持艺术已成为商品并不一定意味着要把艺术当作商品来体验和阐释,或者说商品化的艺术形式就一定要转化为商品化的接受行为模式。例如，当今许多摇滚乐就抵制被整合进主流文化，于是便和其他形式的流行音乐一样，在特殊的社会文化群体中被日益边缘化了。这不是说这种音乐标新立异，用"伪个人主义"去反对在市场中起作用的标准化规则；相反，它在表现形式上的（特别是摇滚音乐的激进形式）原创性与大众的口味格格不入。将所有的流行音乐一概视为"肯定"并加剧了"心理的贬值"，触犯了人类的尊严且降低了审美的层次，就会忽略不同的社会群体中的人们都可以灵活地涉足流行音乐，即充满想象力地掌握并创造性地使用。认为音乐应该将个体从不自由的社会中解放出来是基于一种错误的前提，即文化要证实历史的"真理"，理应体现和表达超验的普世价值。但是，文化并没有法兰克福学派理论所表明的这种目的。法兰克福学派和葛兰西共同的根源都是黑格尔哲学，他们都将文化理解为一种历史主义的现象，带着一个潜在的乌托邦的标志。所以，阿多诺著作的特征就是他所提出的在高雅的、肯定的文化和大众的、通俗的文化之间存在着的虚假的矛盾。

然而，这种深刻的悲观主义观点，即认为文化工业是一套巨大的机械装置，已经被最近对观众或读者与大众文化间关系的研究系统地瓦解了。文化工业论题的一个核心观念，即认为所有媒介文本表达的都是一种单一的意识形态内涵，已经受到了各种各样的经验研究的挑战，这些研究强调不同文本的多样化性质，强调多重意义和可能的阐释的共存。多重媒介的概念打开了通向一种理论方法的道路：研究听众和读者对文化形式的结构进行解码的不同方式。例如，电视内容接受研究常常表明，同一社会阶级内部对从肥皂剧到纪录片的不同节目的阐释也有很大的差别。穆雷（Morley）在对流行的电视新闻与特别报道节目"Nationwide"的分析中指出，人们对信息的解码与其说受到共同的经济和阶级地位的影响，不如说取决于"他们所置身其中的话语和机制的影响"（如商店的店员、工厂的学徒和大学里的师生）（Morley，1980）。

第三章
文化工业的问题

文化工业理论提出的主要批评之一是，认为行动者是被文化商品同质地建构起来的，她或他是作为一个主体被嵌入意识形态话语之中的。这样，针对阿多诺对占星术的批评，莱德维（Radway）对阅读浪漫小说的研究表明，阅读浪漫小说并没有"将读者牢固地束缚在家长制文化的牢笼中"，相反，这种阅读使得女性能够将休闲领域从家务领域中分离出来，在阅读行为中获得"对他人的反对报以公开蔑视的胆量……一种新的力量和独立的意识"（Radway，1987，pp. 14 – 15）。虽然阿多诺在《文化工业再思考》（Culture Industry Reconsidered，1957）一文中也注意到受众参与意义建构的可能性（尤其是电视），但这种洞见却没有得到充分的探讨和整合，从而未能进入文化工业论题的主体部分（Adorno，1991，pp. 85 – 92）。

但是，这不是要否定法兰克福学派和葛兰西在发展马克思主义文化理论中所做出的重要贡献。他们提出的理论中都有一种张力。他们一方面宣称，在各种具体的日常形式之外，历史具有一种内在的意义，即历史进程表达了一种关于实践自由的叙事；另一方面又宣称，文化本身的开放和流动的性质的基础在人类实践之中。于是，他们强调文化工业是一种有组织的统治系统，该系统想方设法破坏自由和独立，破坏社会、传统和集体记忆之间的延续感。如果说文化是一个记忆的王国，储藏着过去及全部希望、期待和实践，这些东西以种种新形式的姿态在当下很活跃地塑造着当今的现实并影响未来的发展；那么，文化工业则构成了非文化的领域，它击碎了过去的感觉，消除了历史感以及作为肯定自由和个体独立而存在的文化概念。文化工业理论创始于国家掌控媒体的阶段，该理论现在比以往更适用了。在当今这样一个全球传播的时代，以盈利为目的的文化机构掌握在强大的资本投资者手中，公共服务广播日益衰微，媒介产品和观众也趋于同质化，文化抛弃了"他者"和对抗，转而拥护市场和大众社会的价值。

但是，文化工业所销蚀的批判价值是什么呢？前面提到，法兰克福学派拒绝将文化概念简化为一种生活方式,但他们对那些普世的和超越的价值(这些价值产生了肯定性文化和批判艺术)的起源也没有提供任何解释。谁提出了这些价值?是在怎样的社会条件下提出的?这些价值又是如何带上了抵抗的和乌托邦的色彩的?生产和再生产的机制到底是什么?在文化工业物化的、反人性的价值和肯定性文化的本真价值之间制造一种对立,就会陷入反历史的抽象并抽空文化的具体特性。相反,葛兰西的理论指向一种发生学的、历史的文化概念,其中文化的创造和再创造都深深地植根于一种鲜活的历史进程之中。在多元化的市民社会框架里,文化涵盖不同社会群体和阶级之间的斗争。对葛兰西来说,"大众"不可能完全融入一个铁板一块的社会整体之中,也不可能被变得消极而失去批评和批判实践的能力。另外,葛兰西强调大众文化的历史根源,认为有必要通过文化盟主权概念和人类行动者积极介入的社会斗争铸造一种民族大众文化,以有力地矫正法兰克福学派的悲观主义和决定论思想。

第四章
文化分析和系统理论

共同文化的概念：从涂尔干到帕森斯

正如我们已经看到的，韦伯和西美尔文化社会学的总体倾向是，他们试图对与现代性有着本质联系的一个特殊的文化领域进行深入探讨。在韦伯那里，文化与社会变化相互联系起来，文化所产生的价值一旦被行动者内化，就会导致促成特定的社会行动模式的必要动机。对韦伯来说，文化和意义的生产及传播维系在一起，这是一个积极的、活跃的过程。如克利福德·吉尔兹所指出的，韦伯设想人类是"一种悬浮在他自己编织的意义之网中的动物"，文化构成了这些网，而对这些意义之网的分析"不是一种探寻规律的实验科学，而是一种探寻意义的阐释科学"（Geertz，1973，p.5）。然而，应该对吉尔兹的陈述稍作补充，即韦伯的文化社会学超越了狭隘的符号学而建立在广阔的历史转型的基础上，特别是建立在现代性的病理学基础之上。

与韦伯的历史阐释学相对立，埃米尔·涂尔干的社会学起源于孔德（Comte）和泰纳（Taine）的实证主义传统，因此通常不太重视文化分析中的传播元素，尤其是韦伯所关注的意义问题，而是将文化看作一种外部的客观社会事实。但是，涂尔干的文化社会学的意义在于他试图超越社会学的实证主义［他的早期著作是实证主义的，如《社会劳动分工论》(*The Division of Labour*) 和《自杀论》(*Suicide*) 的主要的理论立场]，并发展杰弗瑞·亚历山大（Jeffrey Alexander）的"社会的文化逻辑"学说，该学说不是将文化单纯地看作一种外部结构，而是看作一种相对自主的信念和人类实践的过程（Alexander，1990）。在他的《宗教生活的基本形式》(*The Elementary Forms of the Religious Life*，1915) 一书中，涂尔干考察了"集体表征"在社会生活中所扮演的角色，他试图将仪式和象征形式与社会整合和社会团结的问题联系起来。

在涂尔干的早期著作中，他采纳了一种修正的经济基础—上层建筑模式，以区分社会的物质基础（包括人口的数量和密度、土地管理情况和科技发展水平）和它的制度性结构（包括宗教、教育和家庭制度）。后者的规范领域既包括信念和实践，又包括与道德概念、法律规则和宗教观念（体现在诸如国家主义、社会主义和宗教等意识形态之中）紧密相连的集体表征及集体行为方式。涂尔干认为，在物质结构占统治地位的条件下，个体完全被控制，没有任何独立自主；相反，如果制度性的、规范的领域相对独立，那么个体就有更多的自由和选择。随着社会从前现代发展到现代的社会团结形式，制度—规范领域也变得越来越独立。对涂尔干来说，只有体现道德和普世价值的各种规范被个体所接受并内化为他们所自愿追求的目的本身，而不是被他们看作与个体和群体利益相联系的相对价值，社会团结才有可能实现。

因此，将涂尔干的文化理论简化为一种实证主义形式是错误的。涂尔干不是以外在的、物化的和限制性的结构来界定和论述文化的，而是把文化视为一种象征秩序、一个共享意义的宇宙，这些意义通过价值和理念有效地统领着个体。文化就这样被界定为体现在象征形式之中（集体表征）的意义模式，文化既在个体之中，又在个体之外。通过这些集体性的结构，个体之间分享经验、概念和信仰并有效地相互交流。通过这种方式，社会团结就不是什么由外部强加

第四章
文化分析和系统理论

的过程,而是通过主体间行为的协调而象征性地实现的过程了。所以,文化是一种生活方式,其中普遍价值的存在确保了社会秩序所必需的规范共识。

涂尔干强调象征形式以独立于个体的方式构成了结构,这种结构不能简化为社会互动(西美尔的立场)。这里暗含的观点是,在社会内部存在着一种基于共享经验和价值的共同文化,其中象征形式的作用是维持社会团结。而作为一个从世俗的及日常生活的功利世界中分离出来的领域,宗教、集体经验和行为中的"神圣事物"所扮演的角色,则表达了普世的、因而也是具有凝聚力的价值。个体将这些价值内化为道德律令,他或她的行动不仅是为了自己的个人利益,而且同时为了集体所有成员的共同利益。

涂尔干的文化理论指出,象征秩序的作用就是产生对于社会统一来说必不可少的价值。"在所有方面和所有历史阶段,社会生活只有依靠巨大的象征主义才能实现。"(Durkheim,1957,p.231)因此,为国捐躯的战士也是为国旗而死,国旗在这里是一种象征,并且在战士的意识中居于高于一切的地位。虽然符号本身没有价值,但国旗却代表着现实,并且也是被作为现实对待的。象征形式就这样构成了它们自己的现实。在对澳大利亚图腾的研究中,涂尔干指出了图腾是如何将分散的游牧部落的个体联合成一个单一的道德共同体的:

> 现在,图腾是部落的旗帜。因而,部落在个体心灵里激起的印象……自然就会依附于图腾所蕴涵的观念而不是依附于部落的观念;因为部落是很复杂的现实,简单的思维无法清晰地表现所有这些复杂的协调运作机能。另外,原始人甚至不明白这些印象是来自他所从属的群体的。他不知道一群人汇聚起来共同生活会释放出新的力量,而这种力量将改变他们每一个人。他所知道的就是他被提升到自身之上,因而他看到了不同于他平常所过的另一种生活。(Durkheim,1957,p.220)

社会团结这种升华的感觉是由大型集会所形成的热闹氛围及其所采用的象征符号促成的。集体庆典表征着过去,"深深地扎根在心灵中"并唤醒"特殊的观念和情感,使现在与过去相连,个体与集体相连"(Durkheim,1957,pp.376-378)。类似的集体情感也是现代文化的特征,法国大革命将自由和理性的理念转化为神圣的事物,并通过教条、象征符号、圣坛和节日建立起一种世俗的宗教。对涂尔干来说,这种节日的作用就是更新社会秩序和传统,当个体被整合进集体中时,就产生了一种强烈的社会延续感和凝聚感。

但是,虽然涂尔干反对粗糙的马克思主义简化论,即将文化看作物质力量(这是涂尔干同时代的法国马克思主义者的普遍观点),但他却提出了一种新的简化论:文化是为了社会统一和社会整合,为了满足集体需要而被发挥的一种必不可少的功能。在这个意义上,涂尔干的文化理论倾向于省略文化的和社会的因素。然而,他所强调的集体记忆的重要性以及集体表征将个体联系起来的方法,即不仅与社会群体也与过去相连,具有重要意义。但是,涂尔干的功能主义方法论成功地将记忆概念从一种潜在的动态历史范畴转变为一种静态的、封闭的和非历史的观念。依照理想化的和谐社会的蓝本来界定象征秩序,涂尔干剥夺了文化的"他者",即文化的否定的和批判的潜能;而恰恰是通过这种否定和批判,记忆积极地从过去提取那些对现在、对社会群体的希望与期待具有现实和重要意义的因素,为了生活,社会群体总是要寻找意义和目标。

共同文化:帕森斯

涂尔干的超越性价值观念和他以象征为中介的社会互动的文化概念,在塔尔科特·帕森斯的早期著作中得到了进一步发展。特别是在《社会行为的结构》(*The Structure of Social Action*,1937)

第四章
文化分析和系统理论

一书中，帕森斯试图对涂尔干和韦伯的古典社会学传统进行全面的综合。他提出了他称之为唯意志论的行为理论，在其中，行为原则与文化价值的内化紧密地联系在一起。他还强调行为因素在社会秩序建构中的作用。他通过聚焦于社会行动者认为具有合法性而予以接受的核心普遍价值和规范，解决了社会整合问题。然而，在他的后期著作中，尤其是在《社会系统》(The Social System，1951)一书中，帕森斯的行为方法日益被纳入系统理论中，这种观点贬低唯意志论的元素而提倡宏观结构功能主义的模式。在《社会行为的结构》中，帕森斯的出发点是"单位行为"(unit act)；在他后期的结构功能主义著作中，出发点则是"经验系统"和宏观社会结构，其重点转移到"行为者的动机整合，以及整合行为系统的规范性的文化标准"上来 (Parsons，1951)。

在他后期带有明显的功能主义特征的阶段，帕森斯强调文化在社会系统理论中扮演的关键角色。谈到马克思，帕森斯声称历史唯物主义是"心理学方面的天真"，因为该理论无法解释文化因素在维持社会秩序、社会整合和社会平衡中的重要意义。规范结构下潜藏的是具体的"文化符码"，这些符码为"工作和事业指明方向" (Parsons，1967，pp.123-135)。在这个表述中，帕森斯从他早期的唯意志论理论出发来重新定义文化概念：文化不再和自主性原则相联系，而是被嵌入和简化到社会系统的层面上，此观点与韦伯和西美尔的文化社会学是有分歧的。在帕森斯的复杂曲折的描述中，文化现在被定义为"模式化"的或者条理井然的象征系统（行为导向的客体），是被个体行为者内化了的个性成分和社会系统的制度化模式 (Parsons，1951，p.327)。的确，帕森斯对文化的描述的优势在于，他强调了价值得以成功地内在化的机制。按照这种方式，文化本身构成了"行为系统组织的一般化方面"(Parsons，1955，p.31)。文化成为起中介作用和调节交流与互动过程的元素 (Parsons，1951，p.32)。

可以肯定的是，通过将文化界定为一个独特的领域或系统，帕森斯是在试图将社会和文化制度区别开来。他认为，共同价值系统构成了社会整合的重要前提。最高级的规范性成分是文化价值，而不是社会系统价值，两者必须清楚地区分开来。这样，文化作为象征性的意义系统（理念、价值的模式），既塑造人的行为，也塑造人最终创造出来的产品。与此相对，社会或者社会系统则与"个人和集体之间具体的互动关系系统"相连（Kroeber and Parsons，引自Bourricard，1981，p. 174）。所以，社会并不反映文化价值，文化也不反映社会关系（即社会互动模式）。帕森斯的主要理论洞见是，虽然文化提供了那些"终极意义"，并且他认为这些终极意义与动机是不可分离的，但是，文化无论如何不能简化为动机或者社会互动。然而，强调规范共识构成了社会秩序的基础却导致帕森斯抹杀了文化和社会的差别及二者的自主性。例如，帕森斯认为，规范秩序构成了自我的结构，而社会行动者则是对社会系统的反射。与此同时，他大力坚持核心价值系统的理论，即一种作为规范性整合结构发挥作用的共同文化。

帕森斯拒绝唯意志论的实证理论，因为这类理论假设所有形式的人类行为都可以归结为行为的语境条件。而帕森斯的观点是，文化价值和社会整合紧密相连，必须珍视的是普遍价值，而不是日常的、受语境制约的因而是相对的价值。如果文化价值要对社会整体的社会凝聚做出有效的贡献，那么它们就必须是普世性的：

> 价值是原则，从其中找不到多少普遍的规范和期待。它们立足于普遍性的层次，独立于任何具体情境的客观结构，不管是外在于社会参照系统的还是内在的。（Parsons，1989，p. 579）

帕森斯强调必须将价值定义为"独立于任何置身其中的系统的结构性分化的具体层次"。通过融入社会的共同文化，个体可以决定什么是值得期待的和有价值的。文化价值同时被社会的亚系统制度

第四章
文化分析和系统理论

化，并被个体所内化，进而分化为观念、规范、判断和价值。按照这种方式，"文化的更高级的规范成分"能使个体超越他们在社会制度中的特定表征，通过超越日常经验的实际行动而实现他们自身的意义（Parsons, 1989, pp. 577–582）。

这样，帕森斯的主要观点就是，存在着一个统一的价值系统，这个系统按照维持社会整合的方式发挥作用。他强调说，确实没有任何一个社会系统是完全协调的，文化和社会系统之间总存在着不平衡，只有乌托邦才可以设计出一个完全平衡的、协调一致的社会，尽管现代社会的价值系统必须致力于实现这个理想。即使结构性分化很发达，也不会改变基本的价值系统，虽然一些亚系统会发生变化，但帕森斯总结指出，美国价值中就存在着基本的稳定性，跨越了漫长的历史时代和不同的社会及政治结构。从早期的殖民地时期到现当代，美国价值的普世性几乎没有什么改变：有着牢固自由主义价值的、稳定的政党系统，建立在绝对个人主义价值基础之上的机会均等，以及既反对微弱的也反对过度整合的多元主义。

虽然帕森斯的文化理论强调重要的自主原则，但他的经验主义分析却表达了相反的观点，这就是文化与新兴的、凯歌高奏的资产阶级的主流意识形态价值紧密相连。更特别的是，他的方法是反发生学的：文化价值是如何产生的？谁对它们的发展和融入社会负责？在何种程度上，文化价值是分裂性的，即在不同的社会群体中制造了对立和斗争？在文化价值的再生产问题上，帕森斯的社会学同样是模棱两可的，他的著作似乎接近一种关于支配性意识形态的主题的社会学版本。然而，他的基本观点，即价值可以灵活顺畅地从文化中转移到社会系统中，就认为文化价值并不与它们的语境相符，而拥有普世的和超越的特质。文化价值是无限的，在基本的命题上，帕森斯的立场和涂尔干是一致的，即社会系统的整合依靠具有普遍凝聚力的价值，这种价值超越了实用主义的和利益至上的价值。在这个意义上，帕森斯的学说更接近葛兰西而不是法兰克福学派。然而，帕森斯的理论立场虽然对文化社会学具有很大的吸引力，但却最终被两样东西所削弱，一是思想狭隘的共同文化的概念（作为一种封闭的和终结的结构），二是没有考虑到文化价值的冲突及同一社会语境中不同价值观念的共存问题。

在一个充满了种族分裂和冲突、遍布着针对非裔美国人的种族歧视的社会里，宣扬一种稳定的和共同的文化，实际上是将不同文化价值同化和驱赶到了一个"更高的"层次。帕森斯的模式没能提出文化社会学的关键问题，即文化价值可能会将特定的社会群体排斥在强大的社会结构之外，而不是将他们容纳进来。另外，文化价值的意义和重要性将被不同的社会群体加以各自不同的阐释，因为他们都试图将自己的定义强加给别人。结果，帕森斯夸大了文化和社会凝聚力的程度，在文化价值和文化系统之间提出了一种显示高度凝聚力的理想主义概念。

这也是目的论的问题。帕森斯的理论表明，行动者在文化的生产中是实现了已有的价值，而不是积极地参与这些价值的创造。文化在行动者的背后发挥作用，其在建立社会整合的基础里有一个隐秘的"目的"。但是，行动者和系统之间的关系还是存在着很大的问题。帕森斯认为，在实现普世的文化价值的行动中，个体和规范性文化之间的联结会加深。这使他遭到了种族方法论者，如哈罗德·加芬克尔（Harold Garfinkel）的批评，后者认为行动者仅仅是"文化傻瓜"，其行动完全遵从"标准化的期待"，遵从共同文化所限定的预先认可的、合法的规范，这些人因而对社会稳定特征的产生做出了贡献（Garfinkel，1967，pp.66-68）。

帕森斯的文化社会学假设存在一个井然有序的社会世界，它是封闭的和终结性的，大量不同的社会群体被成功地纳入其中，而其他不能皈依普世的规范性文化的人则被排斥在文化统一过程之外。正如玛格丽特·阿切尔（Margaret Archer）所说，在帕森斯的文化定义中，所有可能的矛盾都被清除了，这种理论也没有谈及可能会

第四章
文化分析和系统理论

成为冲突性权力关系的基础的结构性分化问题（Archer，1989，p.34）。实际上，帕森斯提出的是对"文化整合神话"的修订版本，其聚焦于一种持续不断的、连贯的文化模式，这种文化模式来自社会系统价值，作用是塑造其他所有行为。帕森斯的理论没有对特定文化价值所体现出的支配性提供任何解释，既没有考察形成这些价值的历史起源的社会机制，也没有考虑文化价值之间和文化自身内部的冲突。

与葛兰西不同，帕森斯分析了文化中普世的、超越的成分（包括文化和意识形态价值之间的重要区分）。他的分析方式排除了在社会群体与他们在权力和地位等级中所处的位置间"制造"和牵引匹配出种种"关联"。帕森斯将价值从意识形态中分离出来，他认为，意识形态是在比价值的普世性更低的层面上发挥作用，而价值针对的是整个世界的存在状态。相反，"当思考社会系统的文化整合时，首先要考虑的就是社会系统所有的构成部分，例如其人口的阶级构成、在什么程度上持有共同的价值"（Parsons，1989，p.580）。但是，因为积极的行动者在此过程中并没有真正起任何作用，所以这就成了对文化变迁和文化稳定性的目的论的解释。帕森斯和涂尔干的文化社会学的基本弱点就在这里，他们解决不了在缺少融入主体文化机制的平等机会的社会里，行动、人类、文化生产及再生产的制度模式和价值等方面的问题。设置一种普世的价值对于分析没有助益，因为没有积极行动者的概念；而积极行动者的实践有助于型塑社会世界，文化变化就不可避免地要从那些联结着"调控社会文化整合"的核心价值体系的非人的力量中流溢出来。这样的立场会把过去转变成僵死的过程，清除了那些"维系现在和预示未来的创造性源泉的标志和证明"（Thompson，1981，pp.407-408）。

帕森斯的社会学集中于一个理想的、本质性的文化价值概念，但实际上却是死路一条。这种意义上的文化和日常世界的文化之间的关系是不清晰的。帕森斯与葛兰西不同，他没有思考大众文化与普世文化之间的有机联系，也没有思考个体通过日常实践（这往往包含创造性和想象性的思考并要借助于知识储备）生产和再生产文化价值的方式，而他们正是通过这一过程回应社会世界的，这也是他们理解和驾驭社会世界的途径，并由此形成了普世性元素的基础。

哈贝马斯：文化和交往实践

在对现代工业社会的社会学分析中，帕森斯和西方马克思主义者（最明显的是法兰克福学派和葛兰西）一样，喜欢把文化作为一个重要的因素并放到突出的位置上。显示了帕森斯与马克思主义的基本分歧的观点是，马克思没有描述出行动者将价值内化的过程，而只是将资本主义作为一种经济系统而加以过度关注。对于那些关注观念和价值在文化、社会秩序的形成以及观念与社会变迁的互动之中所起的举足轻重的作用的社会学家来说，马克思和马克思主义只有有限的价值。但是，帕森斯关于文化以及文化在社会系统中的作用的著作的基本缺陷是，他不能把文化概念作为通过集体行动者的行为而实现"价值创造过程"来论述。

类似的批评基本上可以针对法兰克福学派关于文化工业、单向度的人，以及由非人的理性所主宰的现代资本主义这些概念提出。不过，与帕森斯的功能主义不同，法兰克福学派的现代文化理论已经对社会和文化研究产生且仍在继续产生巨大的影响。看起来似乎有许多理论家想对现代社会进行更透彻的分析，而不是像列宁式的马克思主义那样开出教条性的处方或是像结构功能主义那样提出僵化的理论。但正如哈贝马斯看到的，由霍克海默和阿多诺开创的法兰克福学派的研究路径实际上忽视了历史上复杂多样的日常社会世界的实践活动，反而把它们简化为高度集中的文化工业对意识形态的单纯反映。这些批判理论家提出的核心命题与一种高度思辨的历

第四章
文化分析和系统理论

史哲学相连,这种历史哲学倾向于将对生产力和生产关系之间关系具体的、经验的和历史的分析边缘化。资本主义理性的目标是通过管理和工具性价值对社会实行全面的主宰。因此,法兰克福学派理论家的倾向就是把资本主义设想为一个单一的、带有普遍性的系统,而且他们经进一步联想认为,资本主义的基本特征可以更全面地反映在法西斯的封闭的、支配性的和极权主义的体系之中。所有的现代工业社会都遵循着同样的逻辑,这种逻辑的基础是高度集中的国家机器和逆来顺受的、原子化的民众。作为资本主义生产模式的一个组成部分,文化工业使政治、经济和文化层面统一起来,在这些层面里没有真正的结构和意识形态的分化,其结果就是一个静态的、单向度的社会概念——在这样的社会中,一切重大的社会变迁要么被消灭,要么干脆不存在。与原子化的社会结构并行的是一个同质化的统治阶层和主导性的意识形态,一切社会斗争在这里都停息了,不再作为社会的形成过程,所有的内部和外部对立也都被消除了。

　　作为批判理论的第二代领袖人物,于尔根·哈贝马斯一直坚持努力创建一门现代社会学,以避免阿多诺和霍克海默的苍白的悲观主义及法兰克福学派理论的目的论基础。他坚持纯粹的文化概念的方向,对马克思主义进行了一次激进的修正:在重要的文化主题上,必须从行为和交往的角度来对文化进行深入思考。对哈贝马斯而言,历史唯物主义的基本要素——尤其是经济基础—上层建筑模式——必须引进一个既是工具制造者又是言语行为者的人类概念而予以扩展:交往行为理论将重心从经济生产转移到经由语言中介的社会互动行为上来,这样就把社会再生产过程带到了前台。他批评某些马克思主义者倾向于把社会简化为单一维度的社会集体劳动(马克思的"生产主义模式"),语言在其中被定义为仅仅是一种反映物,而不是一个深深卷入社会和文化发展中的自主性结构。"从黑格尔经过弗洛伊德直到皮亚杰一直延续这样的观点,即主体和客体是相辅相成的,主体只有与客观世界建立关系并且通过亲身建设客观世界才能真正地把握自己。"（Habermas，1979，pp.98-100）依照这种方式，哈贝马斯设想社会系统能够构成"交往行为的网络"，从而把社会化的个体和言说主体一起纳入其中。

哈贝马斯脱离批判理论基本规约的第二个地方，就是他对"系统"社会和"生活世界"社会所做的区分，或者说是在文化、个性、意义和象征的日常世界与高度集中的、理性的、系统的经济和政治客观规律之间所做的区分。与第一代批判理论家形成鲜明对比的是，哈贝马斯坚持认为社会概念必须同时关照系统社会和生活世界。正是通过生活世界及其制度和多种实践，通过行动者借助于言语和行为寻求相互理解，交往才有可能实现。在阿多诺和霍克海默的模式里，日常生活世界浸透了意识形态和物化的结构，是占统治地位的国家权威的生动彰显。哈贝马斯由此与这种封闭的和悲观主义的模式对立起来。

哈贝马斯把生活世界界定为一种分化的结构，该结构与文化价值和交往实践紧密结合。当个体寻求相互交往时，生活世界就构成了言语和社会互动的语境。可以这样说，生活世界位于各个参与者的背后，而有关传统和价值的潜意识则成了它的鲜明特色。交往通过生活世界的隐含结构发生。而系统社会的运作则是通过生产、货币、权力的公开机制以及经济和国家制度实现的。也就是说，在系统及其各种亚系统之中，行为是"工具性的"，它的目标狭隘地被既存的制度所局限。这些系统的客观规律在功能上有助于维持作为一个整体的社会系统。

然而，生活世界和系统社会的关系并不像哈贝马斯的修正批判理论那样直接明了。哈贝马斯反对阿多诺和霍克海默，认为生活世界和系统社会构成了同一个社会中的各自独立的维度，而在现代性的进程中，生活世界日益脱离系统规约而独立。在前工业社会里，文化和个体完全被经济和政治结构所约束（例如，哈贝马斯援引原始社会为例，指出在那里，亲缘结构大多与生产单位不可分离；而在现代社会中，生产的经济制度与亲缘结构日益分化了）。在前工业社会中，不可能把生活世界和系统社会区分开来；而随着工业主义的来临，重点落在了生活世界的自主及其内部分化上。文化再生产通过生活世界进行，确保了"传统的延续和日常实践所需的认知的连贯性"。

哈贝马斯的立场是与大众文化论题截然相反的：生活世界中不同交往实践的并存表明，在积极而非消极的行动者之间可以出现自由、开放的话语。确实，严格的法兰克福学派意义上的文化——也就是那种围绕产品和利润的同质性而建立起来的高度集中的组织结构——仍然存在。但是，文化工业作为一种吸收了所有其他交往模式的总体性主导力量，却被视作一种非历史的抽象而弃置了。哈贝马斯强调说，在生活世界里，新的社会和文化运动会涌现出新的价值，这些价值与那些同经济生产、权力和金钱联结在一起的主要的、"正统的"系统客观规律格格不入。哈贝马斯引用的例子有绿色组织和妇女解放这些社会运动，以此证实向与生活质量、解放和交往行为联系在一起的"实质性价值"的迈进。

哈贝马斯就这样坚持认为，生活世界——艺术、科学、政治和伦理诸领域——的分化产生了自主性原则，这些原则使行动者能够过一种更"理性的"生活，并通过自由的平等的话语进行交流。法兰克福学派的理想，即"启蒙运动的蓝图"明白无误地继续宣扬这样一种可能性：个体拥有自我反思、理解和认知的能力。通过把他的理论建立在交往模式而不是生产方式的基础上，哈贝马斯就能够设置出一种"准确顺畅交往"的理想状态作为生活世界的终极目标，即从中涌现真理的开放对话形式的自由公民间的交谈。生活世界是自主的，这样理性的交往行为才能发生。这种由语言作为中介的互动建立在合作而不是暴力和强迫的基础上，同样地，建立在寻求规范共识的对话的基础上。所有这些都开启了通向真正的人类解放之路。

然而，这幅画面的阴暗面在于生活世界和系统社会之间永恒的张力，这种张力在当代社会中尤为明显。系统的客观规律控制着生产和利润，被金钱与权力所操控的媒介与日益增强的国家影响力结合起来，竭力渗透生活世界的结构，这样就歪曲了语言作为中介的互动，瓦解了蕴涵在语言中的理性的和普世的元素。语言本身也受到形式理性、工具理性以及因受到权力干预而被歪曲的交往等功能性条件的影响。如果系统的客观规律按照这种方式在生活世界成功地拓殖（colonising），那么就会出现文化高度集中、科层理性、变本加厉的逆来顺受及自主性衰微的结果。

哈贝马斯的文化理论明显得益于法兰克福学派的批判理论和帕森斯的系统理论。这两种理论都强调文化的目的论，强调文化的普世的、超验的因素。然而，哈贝马斯区别于马克思的地方是，马克思强调社会劳动构成了社会基础，而哈贝马斯强调的则是交往模式，在交往行为中，语言形成了社会和文化发展的基础。但是，选择一种交往的而不是生产的社会方式，效果上就会将语言的形成、广泛用途（实际言说的语言）与推动语言应用发展的机制隔绝开来。为了推崇理想的和普遍化的语言，哈贝马斯对交往的强调进一步贬低了生动的日常语言。但是，交往（主体间的互动）是在不同社会阶层之间通过不同的语言运用模式而发生的，是一个与劳动紧密联系的过程。语言通过劳动而存在，其赖以产生的情境也使个体得以在社会世界里为自身定位并与他人建立相互联系。日常语言和交往（葛兰西的大众文化）形成了更加复杂的互动模式的基础，但哈贝马斯通过将开放的对话原则置于由信息灵通的行动者所开展的理性实践的理想领域之中，把这种关系颠倒过来了。然而，这样做无异于将个体和集体行动者在对话和交往行为产生中的作用边缘化了，结果就是把文化的发展当作非人的系统规律的产物，而这恰好威胁着文化本身的存在。

对于作为一种世界历史进程的理性化理论，也可以提出类似的

第四章
文化分析和系统理论

批评；哈贝马斯主张这种理性化理论也可以解释生产力的高速发展和革命性变革，以及随之而来的经济和政治系统与文化系统的脱节。尽管哈贝马斯一方面将韦伯的自主性原则与市民社会和资产阶级公共领域的兴起历史地联系起来（文化制度和政府脱离，也不依赖市场力量，这就使得资产阶级能够与其他阶级进行开放的、民主的讨论和对话），但他的关于生活世界（在生活世界中，公共领域构成了一个结构性的有机元素）的殖民化理论表现了悲观主义和决定论的双重立场，而这与他抛弃法兰克福学派理论的做法是背道而驰的。这里的问题是，哈贝马斯已经把这些历史进程的形成，特别是使其得以实现的集体劳动，统统归结为一种基本的、非历史的逻辑。不无矛盾的是，哈贝马斯宣称他的方法是一种发生学的结构主义（genetic structuralism）的形式，但却缺乏任何真正的历史时间感和具体性。顺畅交往（undistorted communication）、生活世界和系统的概念往往趋于没有生命力的抽象，因而根本无力去分析掌握当代社会错综复杂的结构、多种多样的文化制度和实践，以及确立它们各自的自主性的程度和性质。与批判理论如出一辙，哈贝马斯也无法将韦伯的文化分化论题设定为语境基础，无法阐明不同领域的内在复杂性和等级结构。

哈贝马斯声称，若在生活世界和社会系统之间，在系统和社会整合之间植入一点张力，他的模式就可以将帕森斯功能主义缺失的活力恢复过来。但与帕森斯一样，哈贝马斯也无法提出一个严格意义上的社会学的行动概念，无法提出结构是如何形成的问题，交往理性、生活世界和社会系统仍然是作为功能主义概念来讨论的，被剥离了任何真正的历史动力，且被视为一种抽象的和非人的过程，在行动者的背后而不是通过行动者以及他们多姿多彩的日常实践来发挥作用。总之，不管是在哈贝马斯还是帕森斯那里，不同社会阶层的行动者之间的，既能生成文化价值，又能担当确保文化长足发展的介质的那种社会互动概念都无迹可寻了。文化被社会互动图景即时化了，被赋予了生动的日常形式。但是，社会学的和马克思的功能主义都使文化屈从于系统需求和客观规律，并把功能与人类行为分离开来。

文化和互动

系统理论的基本弱点之一就是没有说明文化的形成以及文化与日常实践和制度的关系。相比之下，社会学的互动理论［与米德（Mead）、加芬克尔和戈夫曼相连的微观社会学］集中探讨了微观语境（如爵士音乐家的文化和社会生活以及工人阶级的亚文化），认为文化的和社会的自我都是直接从社会化过程中生成的，并由此试图避免暗含在功能主义中的物化（reification）倾向。例如，戈夫曼运用某些源自西美尔的概念，提出一种具有经验性基础的、有关文化形式和象征秩序的社会学，并由此考察了个体在互动过程中，是如何通过采纳各种独特的策略来努力捍卫他们的身份和自我认同的。日常互动行为提供了意义建构的基础，戈夫曼的著作考察了作为文化价值基础的最为寻常和平淡无奇的日常生活片段。

在他重要的文章《互动的秩序》（The Interaction Order）里，戈夫曼提出面对面的互动构成了一种自在的秩序，这种秩序具有自己鲜明的特质和限定性条件，是一种不可化约为宏观制度性秩序的结构。该秩序的特质，如语言、象征符号、知识等，使得个体能够参与形式多样的行动；与此同时，这些特质也将它们自己融入秩序本身的基本的连贯性和有序性之中。在他关于整体制度的研究《避难所》（Asylums, 1961）一书中，戈夫曼注意到有些机构，如监狱、避难所和心理诊所，往往倾向于产生一种非人的社会秩序，剥夺个体的身份认同并对其进行重新建构和归类。但是在这些机构里，也会出现一种脱离更高层次上的制度形式的互动秩序，这种互动的道

第四章
文化分析和系统理论

德和文化内涵为个体维系他们的身份认同和责任感提供了基础。

但是，这种互动秩序如何与宏观秩序联系起来呢？在他关于语言的研究，特别是在《谈话形式》（Forms of Talk，1981）一书中，戈夫曼似乎想表明社会通过谈话而存在并松散地整合起来，日常谈话的作用是对公众共享的现实进行仪式性的肯定：在对社会群体结构及其互动模式的规定、加强和维系方面，谈话发挥着极其重要的象征作用。谈话创造了一个他者共同参与的世界，在这个世界里，谈话"具有自己的生命并对自身提出各种要求……这是一个小型社会系统，倾向于捍卫它自身的领地"（Goffman，1972，p. 113）。戈夫曼的意思是，自我从这个过程中形成，自我是由基于仪式、共享意义和文化的象征形式在宏观的层面上建立起来的。因此，日常交往中的礼节足以与宗教仪式相比，因为它们同样把人的尊严看作神圣事物，并强调与人交往过程中应遵循的道德价值（谈话、互动）。制度和互动的秩序就这样松散地连接着，共享大体上类似的象征形式。

尽管戈夫曼的微观秩序与宏观秩序"松散连接"的理论体现了对系统理论的重要修正，但却没有谈及互动本身的等级属性这一关键问题。文化在微观和宏观的层面上同时存在并扮演积极的角色，在日常社会生活和大规模的机构里，都有着依据行动者所占据的位置而构建的互动模式。但是，戈夫曼把这两种秩序隔离开来，由此切断了二者之间真正经验性的联系，而给出了一个狭隘的语境化概念。文化社会学非常有必要提出一个关于被卷入各种不同的社会互动模式之中的积极行动者的概念，以辨明行动者据以与社会世界建立关联以及衍生出不同行为模式的诸种特质，领会到行动者是据有认知能力、富有想象力和能够反思的。必须要有一个更正规的社会学意义上的和历史意义上的语境化（历时和共时兼具）模式，而这在戈夫曼狭隘的互动秩序和帕森斯及哈贝马斯抽象的系统方法中都是难以企及的。在接下来两章中，我们将要讨论行动、语境和等级制的问题。

第五章

文化语境化

语境与文化

在前面几章中，我已经阐明社会学对文化的理论思考主要集中于文化在社会变迁、社会化以及日常生活中的角色。马克思主义理论家走得更远，他们试图提出一种立足于审美问题的文化理论，将文化与艺术及文学的不同形式之间的联系解释清楚。马克思主义者（最突出的是葛兰西）与社会学家（特别是韦伯、西美尔和帕森斯）对于日益增长的文化自主性和为了应对该问题而提出分析性概念的必要性都极其重视。然而，这种对自主原则的强调虽然对简化论的文化观以及将文化毫无疑义地等同于社会结构中的特殊元素提出了挑战，但却从没有将这种"理想模式"与文化形式、文化生产的种种社会—物质决定因素充分地整合起来。文化成为本质主义普世价值的同义语，彻底脱离了它的社会语境。帕森斯就是这样追随康德（Kant）找到了一个汇聚了价值、希望和意愿的超验核心，这一核心扎根于各种特殊的社会历史语境之中，形成了一个超越物质社会生活的独立自主的文化王国。

文化的独立自主构成了古典社会学和葛兰西以及法兰克福学派马克思主义的中心论题之一。然而，追溯文化自主性与其社会语境基础的联系实质上是一个相当棘手的方法论问题，最多也仅仅是从

第五章
文化语境化

哲学上进行含糊的探讨，或者把它归于文化工业或者中心价值系统这样的同质化观念。同样，西美尔的文化悲剧的元叙事也割裂了文化与社会之间所有经验的和历史的关联，抹杀了一切积极的人类行动者的概念。

这些分析失去的是历史感，也就是说，当前形成与流行的文化要通过时间、并且要在不同的社会群体中才能赋予个体生活以意义。文化社会学要解决的一个主要问题就是，把不同的社会团体或者团体的分支与文化生产和再生产之间的具体关系阐述清楚。所有社会都是按照等级秩序结构建立起来的，通向不同形式的文化与权力的途径也并不平等。等级制结构这一原则，以及它对文化生产和再生产过程（还有消费或接受行为）所具有的明确含义，几乎没有被分析整合进文化理论中。谁生产了文化？生产的又是何种文化？不同的文化生产者与各种文化传统以及不同社会构型之间又有什么样的关系？这样的问题对主宰着文化生产和再生产的具体机制提出质疑，对社会群体的微观层面和社会整体的宏观层面之间的关系的性质也提出了质疑。从社会学的角度思考文化，就必然要分析其内外构成成分以及林林总总的文化实践，而这些文化实践又涉及生产出具体文化形式及其独特属性的积极的人类行动者（有个体的也有集体的）。把文化置于社会语境之中是一个辩证的过程，能够不断地由外部转向内部，同时又立足于社会文化语境的结构性观念进行分析，即能够考虑到内部分化与各个等级阶层。

当然，社会语境呈现出来的并不是平坦的界域，而是复杂的构型，有着具体的内部结构。进化论和功能主义文化理论共同的特点是，双方都没有对社会—文化语境的结构性分化予以具体的说明，正如玛格丽特·阿切尔指出的，进化论和功能主义文化理论认为，社会相互依赖的组成部分之间形成了各种和谐一致的模式，文化的功能在于通过"稳定的"规范性因素生成社会秩序（Archer, 1989）。这样的理论无法导向一种具体方法用以按照文化的历史形式和社会语境对其进行分析与研究。相反，当西美尔与法兰克福学派的理论家们挣脱进化论和功能主义理论后，他们便使用本质主义和哲学方法来研究文化，仍然没有从社会学角度将文化语境化。这些理论的缺点是无法提出具体的分析性概念，为文化生产的社会历史语境的经验研究提供工具。例如，社会语境本来存在于时空之中，但是在西美尔、涂尔干和帕森斯的著作中，语境仅仅被随随便便地安插在时空之中。许多马克思主义和社会学的理论都用超文化的抽象概括代替穿越历史时间的具体语境，一心沉迷于所谓的"规则"与"倾向"，沉迷于被当作一个整体和完整系统的、如社会这样的宏观结构中。

音乐语境化：介质问题

阿多诺在他的文学、艺术和音乐的社会学研究中着重提了许多这样的议题，而在阐释这些议题时，探求艺术家的社会渊源与他们的艺术形式之间的对应模式的方法被黑格尔式的社会整体的介质概念所取代。美学内容与社会语境的关系是辩证的而不是功能性的。例如，在其音乐研究中，阿多诺针对外在社会力量（社会语境）如何进入和塑造音乐结构形式的内在属性提出了问题。阿多诺的解决方法是，主张音乐应当间接地、几乎是无意识地表现社会的"生命过程"，即表达现实、解释现实和批判现实。正是音乐曲式的内在结构提供了音乐与社会之间的关系这一疑难问题的答案。音乐形式内化了社会矛盾，所以，音乐语言高度概括了现实社会的种种矛盾和不完美的东西。社会矛盾沉积在音乐形式中，音乐就这样表达了对这些张力的对抗和克服它们的必要性。音乐通过自身的内在动力，抛弃简单的传播模式，拒绝与市场规则相结合，支持了"主体的解放"。音乐形式内部的分裂与摩擦体现了"文化的承诺"，即对自由

第五章
文化语境化

和乌托邦的追寻。例如,阿多诺曾援引巴赫和深深镌刻在其音乐中的"人道主义情怀";还有贝多芬,他的音乐与资产阶级的自由主义密不可分,构成了"一个充满活力的、不断展开的总体"。在贝多芬的交响乐和弦乐四重奏中,相互独立的乐章杂糅在一起表现出来,既展示了它们自身,也兼顾了乐曲整体,而不受外界的其他因素的干扰。这样就既体现了促使它们形成的现实世界的各种力量,又不是亦步亦趋地模仿世界(Adorno,1976,pp.68-70,209)。

社会范畴在音乐中的呈现,不是通过识别一个社会阶级或群体(作曲家所属的阶级群体)的特殊的意识形态或世界观,而是通过音乐素材表现整体社会的方式。古典音乐中音乐素材强大的张力敏锐地捕捉和再现了社会问题,这在贝多芬的音乐作品中尤为明显(这样一来,社会语境就转化为抽象的、非概念性的表达)。贝多芬对人类解放的欢呼就在交响乐的回旋部分强烈震撼的音色中表达出来了,这种强音展现出推翻压迫的力量,树起了一种权威,这种权威就是用于解读纯粹自行复制的、已经自成一体的、于现实毫无意义的实质的密码。后来的古典作曲家[最值得注意的是罗西尼(Rossini)、柏辽兹(Berlioz)、瓦格纳和斯特拉文斯基(Stravinsky)]识时务地顺应了资本主义的消费市场,他们创作的音乐更片面,更缺少个性,"颓靡消沉"且根本不能把社会作为一个动态的整体呈现出来,而只不过是把社会当成一系列画面予以呈现。

然而,语境问题并非诉诸总体范畴和介质范畴就能轻而易举地解决了。阿多诺喜欢通过两种判然有别的方式使用总体性概念:第一种方式是将其作为经验方法论的一个构成因素而使用,这种经验方法论为深入研究艺术的内在属性与其社会历史语境的关联指明了途径;第二种方式是将其作为一个哲学历史范畴与以乌托邦为目的的元叙事连接起来。正是后一种方式使得阿多诺能够把"进步的"艺术形式与"反动的"艺术形式区分开来,把拒绝接受消费文化[如勋伯格(Schoenberg)的无调性音乐]的艺术与向资本主义理性卑躬屈膝的艺术（如斯特拉文斯基的新古典音乐）区分开来。但是，正如马丁·杰伊（Martin Jay）］指出的，阿多诺基本的方法论原则是这样的，即只有在文化产品本身内部对作为传播介质的社会关系进行详尽的理论研究，才能充分阐明它的意义（Jay，1984，p.118）。然而，构成社会语境结构的社会关系也必须得到理论说明，在按照等级制构成的形式中对其进行把握，所有这些形式始终不可简化为任何一种单一的主要因素，如经济。社会语境中的各种等级层次，同样也潜在地具有不同程度的自主性。阿多诺反简化论的语境观的弱点在于它会流于抚平和抹杀所有相互对立的因素和等级，实际上就是把语境这一概念降低为内部美学结构的一个附加物。例如，他注意到艺术作品必然要依赖社会，依赖生产的特殊模式及其相应的社会结构，尽管它们同时也拥有自己的独立的领域。但是，他的学说的确有把文化过程与日常社会交往行为中积极的构型力量隔离和割裂的危险。艺术作品在其与社会语境的积极关系中是社会性的，社会语境在日常与制度两个层次上形成了互动的模式。依照超历史的总体性概念来论述语境问题，就会把语境的形成（通过集体的社会劳动和行为）与文化艺术的形成这两个过程都消解掉。阿多诺对文化和语境的理论探讨阻断了经验研究，预设了一个根本不容置疑的语境观。

文化唯物主义

　　正如我前面所说的，葛兰西和法兰克福学派的著作体现了马克思主义自身内部向文化马克思主义的一个意义深远的转变。这是一次反实证主义的转变，它旨在通过总体性、介质、实践以及文化的物质性这些概念重新评价经济基础—上层建筑这一模式。通过这种方式，实证主义固有的二重性就可以得到解决。

第五章
文化语境化

葛兰西已经勾勒出文化在社会变迁与社会整合之中所扮演的重要角色,并坚持文化在现代社会的经济和政治结构中的相对自主性。葛兰西的分析最突出的地方是对文化的规范性因素的强调,也就是文化实践使个体得以社会化的方式,这种个体不是支配性的社会系统任意摆布的消极对象,而是积极的行动者,他或她通过内化文化价值而承认社会秩序的合法性。这种过程总是批判性的:行动者是在反思地内化价值,既具有批判地判断这些价值的能力,也具有通过实践创造其他价值的能力。所以,葛兰西的马克思主义与法兰克福学派的马克思主义迥然不同。文化工业位于社会之上,并自上而下地作为意识形态控制着广大民众的思想。由此看来,根本就没有起着规范性作用的文化,也没有通过积极阐释和反思的行动以塑造社会世界的行动者。这就是前面已经论及的阿多诺根据其与集体和个体行动者的关系来思考文化语境而出现的问题。

与葛兰西相反,正统的马克思主义文化理论(以卢卡奇、安泰尔和豪泽尔为代表)直接把文化生产与阶级利益等同起来,文化形式被当成特殊的社会群体或阶级的心理状态或意识形态的表述。马克思主义文化理论开始与一种简化论的文化观捆绑在一起,也就是把文化视为经济和意识形态利益的反映,并在物质生产与上层建筑之间建立起一种虚假的区分。确立这两个领域的联系的性质,即物质因素通过什么样的机制转化为种种观念的、文化的形式,并反过来显示观念转化为现实的过程,是一个很大的问题。正统马克思主义通过假设这个过程是直接的转化(立足点是对应与反映)而解决了这一二元论的问题,这种做法最终把马克思主义文化理论的唯物主义范畴否定了。因为,假如文化形式仅仅是其他更基础性的力量的反映,那么它们就很难对它们自身的客观存在起作用。作为附带现象,它们没有任何自主性与客观性。所以,假如文化被定义为体现普世真理、其他真理以及相对立的价值,正如阿多诺所称,那么它的经验性与物质性现实就变得模糊和没有实质性了。雷蒙·威廉姆斯的文化唯物主义就是明确地从这种主张出发的,这种主张并没有体现出十足的马克思主义文化理论所严重缺失的唯物主义特征。

　　文化唯物主义理论是一种关于语境化的理论。该理论试图在批判理论的内部批判(通过社会总体的介质)与葛兰西的更客观、更具历史根基的分析(文化作为社会斗争的领域)之间架设桥梁。威廉姆斯认为,文化理论与分析最明显的特征在于对"截然不同的各种文化形态的探索与分辨",而文化唯物主义的任务就是分析艺术作品赖以制造和流通的各种具体关系渠道。为了辨明马克思主义文化理论的基本规律,威廉姆斯集中谈论了特殊性范畴,寻找区分文化形式与非文化形式的根据。至于文化和社会之间的联系,则要求被理解为实践模式,在此模式中,经济生产和文化生产都包含复杂的行动方式。威廉姆斯追随葛兰西,把文化视为联结经济基础与上层建筑的实践,也就是说,文化不是生产的反映,其本身就是一种生产实践。

通常意义上的文化:共同文化的问题

　　雷蒙·威廉姆斯的文化理论研究跨越了从 20 世纪 40 年代到 20 世纪 80 年代的漫长时期。直到 20 世纪 80 年代,他才开始着手创建文化唯物主义理论。他早期的著述——最著名的有《文化与社会》(Culture and Society,1955)和《漫长的革命》(The Long Revolution,1961)——就已经在英国文学理论、媒介研究(特别是电影和电视)以及英国小说的专业研究范畴中广泛触及文化概念。威廉姆斯按照根植于英国社会特性中的普遍的民主传统来界定文化。正如他自称的,他的目的是想把文化概念从其在英国文学和文化研究中精英主义的、狭隘而极其贫乏的用法中解救出来。精英主义的文化观念在文学批评家 F.R. 利维斯和诗人、剧作家及批评家艾略特的

第五章
文化语境化

作品中尤其引人注目。

在英国，关于文化意义的争论大部分已经转到马修·阿诺德（Matthew Aroold）和约翰·拉斯金（John Rwakin）这些19世纪的作家对作为理想价值王国（高尚的目的与优雅的形式）的文化与日益被视为机械的和非人道的工业社会的非文化之间的区分上来。现代工业被认为是在推动一批为数众多的、半文盲的公众出现，他们对文化的渴望在流行小说和报纸的"廉价感官刺激"中得到满足。被阿诺德称为"生活品位低下的人们"将不可避免地主宰现代文化，他们正鼓励着无法挽回的生活品位的降低。

在像《大众文明与小众文化》（Mass Civilisation and Minority Culture，1930）这样的著作中，利维斯采纳的正是这种狭隘的文化概念，尽管他在后来的英国小说与诗歌的研究中大大拓宽了分析的范围，将文化的范畴纳入工业社会的社会历史框架之中。虽然利维斯的著作普遍被斥为主观的和精英主义的（原因在于他认为一些伟大的作家和小说构筑了一个伟大的传统，只有少数受过教育且具有敏锐批评力的读者圈才能欣赏该传统），但这些著作还是努力把文化（也包括文学）与特殊的社会历史结构结合成为一个语境。按照流行的传统的界定，文化具有共同体及其领地的意义，普通民众的生活被视为蕴涵本真价值的坚固基础，且与城市的、大众工业社会的流行价值相对立。属于该伟大传统的作家是那些其作品回应着前工业社会以及早期工业社会时期大众文化的人，例如，乔治·艾略特和D. H. 劳伦斯的小说从活生生的民族的与大众的文化现实中获取材料进行加工，就为日益遭受现代工业社会力量威胁的人类关系提供了意义和目的。文化把不同的个体联结成为一个"有机的社群"，即一个围绕传统与历史延续性而建立起来的民族文化。但是，在现代大众社会里，这种把文化作为总体生活方式的观念已经受到威胁，因为批量生产的电影、广播节目以及流行小说已经侵蚀了积极活跃的共同文化与文学创作之间的联系。

如同法兰克福学派一样，利维斯的著作也指出现代大众文化不能充当积极的规范性角色。一种碎片化的、原子式的文化不可避免地导致文学中真实的"生活传统"的衰微，以及一致的、有教养的和有影响力的读者圈的瓦解。随着劳动分工的扩展，工作变得越来越专门化和相互隔绝。现代大众媒介要把仅存的日常生活与共同文化价值之间的有机联系——消解。T. S. 艾略特在他的《基督教社会的理念》(*The Idea of a Christian Society*，1939) 和《文化定义的注解》(*Notes Towards a Refinition of Culture*，1948) 中，把文化与延续性及传统联系起来，将文化界定为一种感觉与行为的方式，这种方式体现出不同社会群体和代际的鲜明特色。尽管文化的许多组成元素人们意识不到，但它却实际地决定着人们行动和把握社会世界的方式。文化包含一个社群全部的实践，这些实践是一个由相应的社会整体的众多力量和模式形成的结构。与利维斯与阿多诺相一致，艾略特在官僚化的与单一化的大众社会的长足发展中，看到了创造性的文化价值所面临的严重威胁。

虽然利维斯—艾略特的范式把文化理解为日常世界的"经验"，并把它置于历史社会语境中（实际上，他们也提出了一个文化的社会性定义），但威廉姆斯却认为利维斯和艾略特体现了一种理想主义的和吹毛求疵的文化批评传统，无法逾越把作为个体而存在的人视为"大众"的既有传统。在《文化与社会》和《漫长的革命》中，威廉姆斯试图回击一种文化理论，这种理论认为文化将自己的基础置于工业主义和大众民主之中，必然会阻碍现代大众社会、社会主义和工人阶级运动的历史发展。威廉姆斯认定对于文化一词的现代使用起源于 18 世纪末，并宣称这个词的出现并非对工业资本主义的开端的简单回应，而是与新兴的、建立在政治民主和社会阶级问题基础上的社会关系和政治制度紧密相关。艾略特"吹毛求疵"的文化观念的瓶颈在于，它实际上是把文化与现代社会广泛的结构性发展分离开来，在文化价值与日常生活价值之间制造了一种虚假的对

第五章
文化语境化

立。相反地,威廉姆斯认为文化始终是"通常意义上的",是生活经验的一种形式和总体生活方式,文化研究从来就不应该意味着一种封闭传统的概念,而应永葆开放与民主的活力。威廉姆斯把利维斯—艾略特的模式变得更尖锐了,也就是把文化当作个体与他人自由交往的方式来分析。这样,文化就不是自在之物,不是独立于其他领域诸如经济和政治的"自治领域"了,而是与普通的日常世界紧密联系在一起。威廉姆斯注意到大众教育和大众民主这类术语被赋予了过多的消极含义,这种贬义的用法加剧了小众文化与大众流行文化的对立。与此相对,他宣称:

> 实际上没有大众;只有把人们看作大众的方式。这种看待方式在城市工业社会里有着许多出现的机会。问题不是去复述客观的状况,而是要考虑他们这些人作为个体和集体到底对我们的思考产生了什么影响。……看待别人的方式……是我们社会的特征,为了政治或文化剥削的目的早已经被人充分利用了。(Williams,1961,p.289)

正如并没有现实意义上的大众存在一样,作为生活方式的文化也不能被简化为诸如"心智的成长"和"心灵的状态"之类的义项。

在《漫长的革命》一书里,威廉姆斯勾画出了社会发展的线性理论。在该理论中,19世纪的工业和民主革命都与第三种革命即文化革命紧紧地联结在一起。与经济和政治不同,文化革命在新的交往模式的产生、大众文学、公共教育的普及和大众媒体的民主化中都具有巨大的潜力。威廉姆斯描绘了民主扩张的一种几乎是自动实现的过程,这一过程牵涉教育、交往和社群,在这种社群里,争取共同文化的斗争声势浩大。在他看来,"漫长的革命"就是对在所有社群中推进学习与更多参与的民主的积极过程的渴望(Williams,1965,p.118)。"我们需要一个共同的文化,"他说,"不是为了抽象的名义,而是因为缺少它我们就不能生存。"因为工业资本主义是建立在社会不平等、阶级冲突和社会危机的基础之上的,所以,共同文化为人们提供了通向人类社会丰富多彩前景的平等机会。于是,在小众文化观念与广阔的人文主义和民主文化之间从来就没有绝对的对立。

20世纪50年代时,威廉姆斯对马克思主义者界定文化和阐释文化的意图给予了同样的批评,简单地称他们思维混乱。在《文化与社会》中关于"马克思主义与文化"的章节里,威廉姆斯明确抛弃了当代马克思主义所特有的这种机械的经济基础—上层建筑的模式(这一模式与利维斯—艾略特赋予文化的自主性一对比就相形见绌了)——在这种模式里,文化仅仅作为经济生产与阶级意识形态的结果。然而,尽管批评与抛弃马克思主义的还原论及其不能充分实现语境化,但威廉姆斯自己却同样也采用了一种还原论,即把文化概念融入交往的制度与实践中。与哈贝马斯相仿(见第四章),威廉姆斯认为,文化为那些参与交往关系的人在背后提供支持。不仅如此,这个文化概念还与社会斗争和权力关系双双隔离开来,所以关于"谁"的问题实际上就被忽略了。是哪些特殊的群体和阶级卷入了文化的生产与再生产?又有哪些利益是至关重要的?威廉姆斯并没有从社会学的角度阐释文化,但他却是在与利维斯相似的文学理论框架里进行研究的。尽管承认在构成"整体生活方式"的各种因素相互间的关系中,"模式、对应和断裂"至关重要,但威廉姆斯的文化概念却是统一的和有逻辑的,把为了文化资源、制度和形式而展开的斗争边缘化了。

情感结构:语境化的问题

威廉姆斯的文化理论并不是目的论的(没有"垂死的文化"),他是从制度(特别是其与教育的关系)和社会(通过参与共同文化)

第五章
文化语境化

的角度来界定文化的。依据其本性，文化在发展状态中蕴涵着共同的和共享的意义。为了对抗大众文化的论题，他抛弃了完全被纳入现代资本主义的、千人一面的消极大众的顺从模式。

尽管强调文化的物质性及其在集体机构如商业联合会中的具体体现，但威廉姆斯几乎没有提出任何分析性概念将阶级、意识形态、文化生产及再生产与社会历史语境实际地连接起来，而总是在诸如团结、共同需要与交往这样模糊的和非历史的范畴与抽象意义中界定文化。文化不仅组成了一个"智性和想象力的作品"的集合，也组成了整体的生活方式。这种整体的和人类学的观念具有把文化与社会实践同化的效果，模糊了文化与非文化、文化与社会之间的区别。威廉姆斯理论的一个主要缺点就在于他自己主观建构的自主性原则。

正如我们看到的，利维斯—艾略特的模式强调了文化的自主性原则，将文化与大众社群和传统的充满创造力和生命力的价值联系起来，并把文化定义为理想的和批判的。但在对他所提出的范畴的具体运用中，威廉姆斯真的成功构建起了实际可行的关于自主性的社会学概念了吗？对他来说，自主性并不来自社会制度和社会结构，而是在观念层面上发展而成的，并深深地扎根在特定的历史时期里。这一分析的关键要素是情感结构，一个在威廉姆斯早期和晚期的马克思主义著作中常见的概念。在《马克思主义与文学》（*Marxism and Literature*，1977）和《唯物主义与文化中的问题》（*Problems in Materialism and Culture*，1980）里，他强调了对马克思主义分析性概念重新进行梳理的重要意义，方法就是把文化置于客观的社会过程的层面上，同时重新思考马克思主义的范畴，例如盟主权、生产方式、总体性和介质。

由此看来，情感结构把作为交往及实践的社会性文化观念与作为想象性艺术和文学的文化连接起来。威廉姆斯把情感结构定义为特定时期的文化，即"整体的组织结构中各种要素产生的特定的、生动的结果"。每一个历史时期都有独特的冲动、制约和基调模式，这些模式间也相互关联。正是从这些要素中,"有用的文化分析"开始出现了,有时候还会获得"意想不到的认同与呼应"。这样,通过讨论出版于风云激荡的19世纪40年代的英国工业小说,威廉姆斯从中辨别出一种普遍的中产阶级的情感结构,其由阶级价值观所主宰。一方面,作家们如盖斯凯尔夫人(Mrs. Gasshkell)和查尔斯·金斯莱(Charles Kinysley)对工业主义有害的社会影响持批判态度,并表现出对工人阶级的深厚同情;但另一方面,他们却超然物外,使自己远离任何社会政治运动。同时,这种情感结构也为同时代的其他工人作家所拥有,这样便在不同的群体与类似的文学形式间形成了重要的联系(Williams, 1965, pp. 63 - 88)。

威廉姆斯把情感结构定义为"一种非常深刻的和宽泛的拥有,存在于一切真实的社群中……每一代人都会在普遍的文化模式的社会特征中培养他们的继承人,但下一代也会拥有他们自己的情感结构"。这个概念特别针对代际而言,他举了20世纪30年代的作家们为例[奥登(Auden)、依舍伍德(Isherwood)、斯宾德(Spender)和麦克内斯(Macneice)]。他们作为风姿卓绝的一代,创作出了新的文化作品。当他们开始阐明自己的情感结构的时候,正值30岁上下风华正茂的年纪。尽管情感结构只能通过"对艺术作品本身的体验"来显现,但这个概念却聚焦于社会历史关联在文本中通过语言与形式进行自我表述的方式。然而,把文本置于其所属的语境中从来就不能穷尽其丰富多样的意义与价值范畴,这是因为,总有一些要素找不到其外部的对应物(Williams, 1979, pp. 157 - 168)。

作为一种对自主性的解释,这一概念是模糊的和浮夸的。因为,尽管情感结构被定义为是具历史具体性的,但有时候它也接近时代的分析,摆脱了物质力量特别是社会结构和社会制度,从而自在漂浮着。特别值得注意的是,情感结构往往会将不同作家和艺术家组成的社会群体活动的社会空间均一化。文化并不会自动地转化为艺术与文学、惯例和形式。如果一种相同的情感结构渗透了中产阶级

第五章
文化语境化

和工人阶级作家的作品，那么就很有必要分析这一过程发生的确切方式和机制。除非牢牢地植根在某种关于社会结构的观念中，情感结构是不能够转化为社会学概念的。如果它要作为一个社会学的理论范畴起作用，那么它就必须揭示不同结构、价值和情感与社会群体、语言和社会结构之间的联系，因为这些元素是不同群体间产生矛盾冲突和竞争的根源；同时还要考察社会群体把文化作为统治手段而使用的方式。

作为威廉姆斯的文化唯物主义理论的一个有机组成部分，情感结构这一概念形成了自主性理论的基础，然而，这一主张显然是站不住脚的。情感结构并没有被充分地语境化，而是接近一种对应理论，在其中，所有复杂的结构都被简化和抹平了。威廉姆斯的广义文化模式的基本缺陷就在于，它被视作一个由非人的而不是鲜活的、历史的力量所主导的过程。威廉姆斯没有将文化和文化变迁与社会斗争及权力问题连接起来。相反，威廉姆斯认为，过去（past）是顺理成章地演变为现在的，这样就消除了与过去的文化（culture of the past）间所产生的一切真正冲突，而过去的文化实际上仍存在着并且型塑着现在，"现在就是历史"。威廉姆斯的文化概念和分析模式不能充分地展现文化生机勃勃的历史形式。或许，这里面真正的问题就在于把文化理解为一种"生活方式"，而这就意味着文化的消极属性和缺乏自主。

为了解决这些问题，威廉姆斯引入了盟主权与作为不同层次结构的社会构型这两个概念。在《漫长的革命》和《文化与社会》里，除了用抽象的历史学术语来界定社会或社会结构外，威廉姆斯没有尝试用其他方法来进行定义。但在他晚期的著作里，按照与自主性原则一致的方式，威廉姆斯在他的文化模式里吸收进了结构马克思主义的社会构型的社会概念。威廉姆斯抛弃了把文化变迁视作线性过程的概念，认为没有任何一种生产方式、社会秩序和文化能够穷尽"所有的人类实践、人类能量和人类意向"，没有什么可以囊括一切、无所不包。

文化唯物主义理论摆脱了威廉姆斯早期著作中基于经验（将利维斯的"生活经验"作为真实性的试金石）的经验主义研究路径，转而把文化当作一个物质生产的过程来分析，即当作一个表意系统，社会秩序通过这个系统得以被"传播、再造、体验和探索"。文化唯物主义被定义为：

> 一种文化理论，一个（社会与物质的）生产过程和关于特殊实践的理论，即艺术生产过程，包含从作为一种物质生产方式的社会使用（从作为物质实践性意识的语言）到具体的写作技巧和文章体裁，直至机械和电子传播系统。（Williams，1989，p.243）

实践这一术语进入威廉姆斯的词汇意味着出现了一个更具活力的文化概念。他声称文化唯物主义需要一个关于介质的概念，这个概念超越了暗含在所有反映论模式中的消极被动性，转而聚焦于具体历史语境中的意义和价值是如何生成的。作为一种关于物质和文化生产具体特征的理论，文化唯物主义通过盟主权与结构层次概念的提出而超越了正统马克思主义将上层建筑与经济基础简单地合二为一的做法。

对威廉姆斯来说，盟主权构成了马克思主义文化理论的重要转折点，它挑战了正统马克思主义基于反映论和经济决定论的许多主导性理论前提，如同一性和对应性。如同我前面所提到的，威廉姆斯在之前的著作中就已经明确地使用过这些术语，他宣称盟主权这个概念超越了狭隘的文化定义，因为其引入了社会斗争和权力这类重要问题，转而强调整体社会过程。不仅如此，这个概念还超越了意识形态，因为盟主权绝非仅仅是一个阶级观念或者某个特殊阶级的世界观的问题，而是一种结构，该结构包含了一整套实践与期望、能量、感受和有生命力的价值与意义系统。盟主权也不是单纯的上

第五章
文化语境化

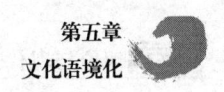

层建筑,它构成了一个生动的过程,一个由各种经验、关系和行动组成的丰富、深邃、透彻的且现实的集合;在这一过程中,各种需要不断得以更新、再造、维护和修正。

显而易见,威廉姆斯是按照文化学的术语来界定盟主权的,即视其为围绕实践、价值和需要而建立起来的生动过程。正如我在第二章中指出的,葛兰西的盟主权概念集中于文化具体的结构性基础,集中于具体社会背景下各种力量之间复杂的平衡以及不同社会群体和阶级之间的斗争。从分析的角度讲,盟主权概念使研究者能够把握各种制度、意识形态和集体行动者之间的关联,从而把文化理解为一个扎根于各种具体生产关系中的变动的力量场域。这样,盟主权就成为语境理论的一种特殊模式。但是,在对社会文化语境的分析中,威廉姆斯却采用了结构主义的层次概念。他分别指出了三种相互区别的文化生产的层次:残存的(大体上由过去的文化构成,在现在仍然生命力旺盛,所以未必就是古老的),新兴的(新近发展起来的实践、意义和价值,能够对抗主导文化或提供别的选择),最后是主导的(这种文化广泛地渗透进许多实践和经验中,力图将所有另类的和对立的价值都包容进来)。

在这些阐述中,威廉姆斯在尽力摆脱那种单一的、囊括一切的文化模式的被时代所局限的分析,并转向特定的社会构型(也就是资产阶级文化必然符合资本主义思想)。简单来说就是,文化分析必须认识到内部分化及其复杂性的重要意义。例如,威廉姆斯指明主导文化不能成功地消灭其他文化实践,但是同样,现代资本主义的主导文化更加意味深长地渗透进了"整个社会和文化进程中",给新兴文化和对立价值制造了麻烦(Williams,1977,pp.125-126)。

这是不是一种对主导意识形态论题的颠覆、一种文化工业理论的修正版本?威廉姆斯提出的不同社会层次用什么方法或通过什么机制实现自主呢?文化唯物主义的问题是,它没有提出系统的方法以把它的概念置于语境之中:盟主权似乎神秘地笼罩在整个文化之上，暗暗地统领着实践、生活经验和斗争。同样，结构层次也是用一种模糊抽象的术语来进行分析的。威廉姆斯的理论模式源于文学研究，从《文化与社会》直到《马克思主义与文学》，几乎没有什么变化，语境化问题没有得到充分的研究。他也没有尝试去分析文化构型的不同层次及其不同实践之间的关联，微观分析和宏观分析的问题笼统地从属于诸如"生活经验"和"整体社会进程"之类的一般性概念。威廉姆斯没有解决不同社会阶级、阶级分支和群体之间的基本的社会斗争问题，以及这些因素在文化创造与文化形式之中的作用。文化唯物主义这个概念过于抽象，因而剔除了历史的血肉，也脱离了历史的和社会学的语境化。

第六章
文化场域理论 [86]

马克思主义文化理论的一个基本理论问题在于它不能理解文化生产的特殊性质——即自主性原则和与其他社会语境因素间的相互依赖关系。威廉姆斯的文化唯物主义尽管论及这些议题，但却不能清楚地阐明那些把文化与其他社会构型要素区别开来的特殊成分。由于把文化拆解为社会的一种"生活方式"，文化的自主性原则便疑义丛生了。还有这样两种倾向：要么把文本简化为关于社会语境的抽象观念（还有将社会背景毫不置疑地视为可以自动转变为前景的假设），要么简化为特殊文化群体的表述。尽管他也承认斗争与冲突在文化构型中所起的作用，但威廉姆斯却没有对这些力量的属性作出清晰准确的阐述。因此，虽然宣称自己是基于人道主义的，文化唯物主义却没有明确地提出文化的创造问题，即是谁创造的、怎样创造的及为什么要创造的问题。历史与源头问题被诸如交往这样的术语所埋没，而盟主权则被抽干了所有活跃的历史能量。

结构主义与系统概念

在发展他的文化唯物主义理论时，威廉姆斯接受了葛兰西和结构主义以及俄国形式主义［主要是文学理论家图尼雅诺夫（Tynyanov）和巴赫金〕的影响。形式主义和结构主义都提出了自主性和语境化的问题。形式主义着重论述文学以及文学本质性的特性即文学性，强调文学形式的内在特性，特别是诗意语言的使用和故事情节（形式的组成部分）的具体运用，并且排斥非文学的因素。而结构主义则通过一个各种因素在其中相互作用的动态和谐的整体概念，论证了形式这个概念。图尼雅诺夫把文学系统理解为一种结构性程序，一个复杂的整体，不同的元素在其中动态地相互连接并起着建设性作用。在他的《文学演变》（Literary Evolution，1927）一文中，图尼雅诺夫按照历时和共时的模式构建了系统：

> 连续演变的共时系统这一概念是矛盾的。文学系统首先是文学秩序的功能的系统，这种秩序与别的秩序连续不断发生地相互关联。系统的构成会变化，但是……文学的演变与其他文化系统一样，并不与那些与自身相互关联的其他系统节拍一致或特征相符。这是由于文学系统关注的是素材的具体特性。(Tynyanov，1978，p.72)

正是"具体特性"这一概念回应着韦伯的自主性原则。但是，图尼雅诺夫因探讨相邻系统（等同于韦伯的"领域"）之间的关系而超越了韦伯。此外，他还依据历史来证实系统的自主性：文学的演变是一个复杂的过程，涉及诸多文学形式的内在形式元素，而这些文学形式与其他系统又并非平衡发展的。图尼雅诺夫进一步宣称文学演变是非线性的，其特色是"斗争和接替"，即一种文学形式或类型接替另一种，从而改变着现存的次序和经典（也就是不同文学类型和文本的排序与权威）。

图尼雅诺夫的阐述存在的问题之一是文学外部各种系统的性质及其与文学系统的关系。图尼雅诺夫似乎不把这些相邻系统视为客观的文化整体，而是视为"文本"（例如，撰写书信这种盛行的社会习俗通过书信体小说的引入，曾一度成为文学系统的元素）。他把整个系统视为"互文"的——就是说系统是由不同写作形式(虚构的与非虚构的)和不同时期流传的符码和话语组成的一个系统。在这种把文学系统看作"互文"的理论中[图尼雅诺夫没有使用这个术语,该术语是由克里斯蒂娃(Kristeva)在20世纪60年代引进的],社会力量对文学系统的起源和结构的影响是不清晰的:例如,"斗争"这个概念就被描述为是内在于文学系统的,没有对系统外部的指涉。如果变化发生了,那么也是在内部发生的,即经过一个调整、修正的过程以适应文学的外部物质。图尼雅诺夫常常引用的一个例子是所谓的混合型文体——如回忆录和报告——对文学演变的影响,但是他并没有说清楚文学的外部系统过渡到文学系统所借助的确切机制。对图尼雅诺夫来说,系统的发展和功能不包含选择、价值和动机。谁在进行选择?他们又是为何和如何实现这些选择的?这种历时的元素是由系统引导的。相反,葛兰西的盟主权理论虽然也具有图尼雅诺夫的系统概念的某些特点,但却并没有把文化简化为"文本",而是从集体行动者和不同阶级及社会群体间关系的角度来思考文化的转型。

然而,在结构主义的发展中,图尼雅诺夫的历时方法逐渐从属于对一种反起源、反历史的结构概念的越来越强烈的痴迷。更大的问题是,全部语境化问题都被简化为对模式、序列和文化差异的高度抽象和形式主义的分析。布迪厄的场域理论就体现了一种最专注的努力,即通过历史社会学的文化理论的整合,重新确立图尼雅诺夫模式中(与韦伯的领域概念的内部逻辑相似)鲜明的具体特性、自主性和语境至上等原则。

文化理论和短路效应

结构主义内在的基本问题是它对建构性的社会—文化语境思想

（作为一种还原论）的攻击和对行动者的能动作用（作为一种主观主义形式）的取消。对布迪厄来说，结构主义的强势在于它的"客观主义"，弱点是不能处理诸如意识、实践和能动性的关键问题。萨特（Sartre）的存在主义着眼于行动者的意识和对机械马克思主义的批评，建构了另一种知识传统，从而影响着布迪厄的文化社会学。布迪厄坚称，这不是一个选择主观主义还是客观主义的问题，而是如何保持结构主义和存在主义的成果的问题。他的任务就是将主观主义与客观主义在社会学分析中结合起来（Bowrdieu and Wacquant, 1992, p. 135）。如果在文化制品和具体的社会语境特征（包括文化生产者、社会群体和社会定位）之间建立简单直接的联系，那么存在于主观与客观之间的复杂的力量结构就会被忽略，或者其作用被贬低。布迪厄把这种做法称为"短路效应"，并把安泰尔、豪泽尔和卢逊·古德曼（Lucien Goldmann）与法兰克福学派的马克思主义文化研究都归入此列，因为所有这些人都体现了一种"外部"分析模式，即把文化形式的起源归于世界观、意识形态或特殊团体及阶级的资助。

对布迪厄来说，问题不在于把一个社会群体单独拿出来并把它直接与文化生产连接起来，而在于分析不同社会群体、艺术家和社会之间的一整套复杂关系。艺术生产不能脱离其他的文化活动形式而发生，而是与整个网络结构和作为一个整体的艺术生产场域交织在一起。

安泰尔对佛罗伦萨文艺复兴时期绘画的研究是一部典范之作，直接把文化形式与新兴商业资产阶级的资助联系起来。但是，通过聚焦于作为创造活动源泉的社会群体，安泰尔认为这些群体的意识形态可以直接移植到艺术作品之中。这样，文化和艺术就被阐释为外部力量的表现。同样，古德曼在《隐秘的上帝》（*The Hidden God*）中对拉辛（Racine）和帕斯卡（Pascal）的研究也遭到布迪厄的批评。后者认为他把一种特殊的世界观，即"悲剧幻象"，与一个

第六章
文化场域理论

特定社会阶级（穿袍贵族，一个新兴的但是边缘的资产阶级组织）的政治及经济命运联系起来。古德曼和安泰尔两人都没有明确说明"艺术生产的范畴"中各种力量所起的复杂的作用，也没有说明调节艺术生产的运转、流通和历史的独特传统与规则。艺术的自主性不过是这些结构或场域的相对自主，因而文化社会学的研究对象必须是：

> 艺术家之间的一整套关系（客观关系和以互动形式发挥作用的那些关系）以及超过他们的、参与艺术生产的全体行动者，或至少也应包括这些艺术作品的所有社会价值（批评家、展览主办者、雇主等）。(Bourdieu, 1993, p.140; Bourdieu's emphasis)

90

因此，文化社会学就必须超越那些以背景或环境之类的术语来定义社会语境做法，还有把文化生产与艺术家、作家的社会化和教育，以及他们的社会出身和他们的雇主的意识形态联系起来的做法。把文化生产与特殊社会群体的结构和价值等同起来更是错误的，因为这样的关系提供的无非是一些"偶然的"或"附带的"信息：

> 艺术生产场域是一个整体（它所处的相对自主的状态或多或少依赖时代和社会而决定，同时也与它的文化产品的消费者所属的群体，也就是统治阶级的不同分支相关）。(Bourdieu, 1993, p.142)

对于布迪厄来说，并没有决定艺术内容与形式的最终的或实际有效的因素。

布迪厄将安泰尔、戈夫曼和阿多诺各自不同的马克思主义文化理论归并在一起的做法也许看起来有些矛盾，因为，他们的著作至少在表面上是与那些具有短路效应的机械论针锋相对的。其中阿多诺的问题最大。正如我们看到的，阿多诺的著作是根植于一种受到马克思唯物主义和韦伯领域分化观点影响的文化分析中的。

例如，阿多诺特别批评了暗含在瓦尔特·本雅明（Walter Benjamin）对波德莱尔（Baudelaire）和 19 世纪巴黎"拱廊街计划"的研究中的短路效应，并且在 19 世纪晚期（朝着商品形式对经济生活实现全面主宰的方向发展）的资本主义经济形式中发生的变化与文化及意识的变化之间建立起一种对应关系。例如，在分析波德莱尔的诗歌时，本雅明主张诗歌意象的特性与资本主义商品生产的结构之间存在着同构关系，商品形式直接转化为他所谓的"辩证意象"，所以，那些传诵诗歌的人、那些浪荡子和巴黎街头那些游手好闲的人是直接对应于新的建筑形式的，特别是商业拱廊街。总之，社会语境镶嵌在文学和文化形式里，并作为"碎片"和在新的城市环境中的漂流体验而得以呈现出来。

这种明显的短路效应——把艺术作为人工建筑材料发展及其技术优势的表达——来自阿多诺对本雅明的方法缺乏真正的辩证法的评价："纵观你的文本，有一种把波德莱尔作品的实际内容与他所处时代的社会历史的相关特征，尤其是经济特征直接联系起来的倾向。"本雅明并没有分析"总体社会过程的介质"，反而主张在艺术形象与经济生产之间存在确切的因而也是视野非常狭隘的相互关系（Asorno，1973）。

尽管阿多诺借助于介质这个范畴避免了机械马克思主义的还原论和出现短路效应问题，但也没有解决社会学语境化的关键问题。通过使总体范畴与艺术形式呈现"充满敌对的社会"的形象的方式建立普遍介质的概念，并在此基础上进行分析，就会错误地消除文化生产过程中活跃着的各种力量间错综复杂的相互作用。阿多诺的这种阐述遗漏的是一个社会学意义上的介质范畴，该范畴对应于文化生产中具体的和相对自主的"空间"，而文化生产则裹挟着各种制度、行动者和实践。对布迪厄来说，这种短路效应的解决之道在于形成一种更加复杂（因为历史具体性）的社会文化语境的观念，即考虑多样性和差异、生产消费中的等级结构以及为了争夺文化资源和地位而进行的冲突与斗

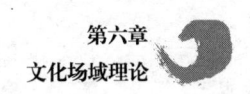

争。文化生产意味着一整套关系网络，其中各种关系在不同的层次上（不同的生产者和消费者之间）发挥作用，涉及各种各样的权力和地位以及代际和艺术形式的新概念。

语境是历史的和具体的，例如，图尼雅诺夫的文学体系就没有论述艺术形式的社会历史基础，或者说是推动该体系及艺术产品诞生与转变的历史动力。正是为了反对内部的和外部的还原论，布迪厄才创立了场域理论。

文化社会学与场域理论

布迪厄把社会语境界定为多维空间，这种空间分化为不同的场域与由各种客观位置构成的关系网络。占据这些客观位置的行动者掌握着不同的资本形式，包括经济资本（物质技术、财富）、文化资本（智能技术、知识）和象征资本（积聚而成的声名和荣誉感）。这样的场域就是：

> 一个由不同位置间的客观关系组成的整体结构……按照它们的存在和它们加诸其占据者、行动者或者制度之上的决定性因素来客观地定义，按照它们在权力类型（或资本）的分配结构中现实的和潜在的处境来定义，拥有这种权力或资本就可以掌握在该场域中获取特殊利益的关键途径及其与其他位置间的客观关系（统治，服从，同构性等）。(Bourdieu and Wacquant, 1992, p. 97)

场域概念构成了"社会科学的真实对象"，一个结构化的"位置空间"而不是一个由孤立个体组成的唯名论式的统一体。场域是一个权力关系的系统，一个"有引力的"场域，既要从发生学的（历史的）角度来分析，也要从共时的（它的内部结构）角度来分析。按照布迪厄的学说,教育、国家、教会、政党以及艺术家都是这样的场域(而不是高高在上的和统治社会的意识形态机器),它们也是部分自主的领域(接近韦伯的分化论题),其特征是具有场域自身内在的特殊逻辑。因此,文学场域便经由一些差异的存在而获得了动态的结构,这些差异形成了一个"截然不同的和相互对抗的特性的系统,该系统并不是由于自身内部的推动,而是经过艺术生产场域内部的各种矛盾和冲突发展起来的"。要理清文学研究的语境,就是把文学研究置于"力量关系"和"斗争"之中,这些斗争的目的就是要转变不同行动者及位置间的关系和作为一个整体的文学场域。

所有场域都有自己所特有的内在法则逻辑,但它们都遵循一项共同的法则:那些占据主要位置的场域为了保住自己的地位,必然会采用防御的和保守的"保护策略"。而与此相反,新兴的场域却会运用"颠覆策略"以试图推翻统领场域的各种规则,并同时承认场域的合法性。这实际上就是进入任何场域的前提,是对通行价值("游戏精神")和批评限度的认可。因此,所有场域内部的斗争最终都只能导向局部的而非全面的革命,这种行动会破坏现存的等级秩序而不会动摇游戏本身。例如,艺术领域的变革会以更纯粹的艺术、电影或文学的名义挑战既有的定义和实践,"撼动"场域结构却让其合法性毫发无损(Bourdieu, 1993a, p. 134)。

正如我已经提到的,布迪厄的场域概念大体上与韦伯的分化领域理论相似——场域是现代复杂社会特有的相对自主的社会微观世界。场域的相对自主的实现是一个缓慢和零星的过程,要历经多年才能建立起它们各自的制度、规则和实践。与韦伯不同,布迪厄根据场域的转型性能,即不同行动者为争取合法性所采用的各种策略,对其进行动态的理论探讨。根据各种资本占有形式的数量与分配,行动者被赋予了参与这种斗争的能力:"资本除非与场域相关,否则就不能存在和发挥作用。资本把权力交给场域,交给物质和象征的

第六章
文化场域理论

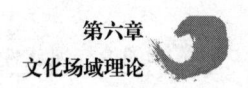

生产与再生产的工具，正是这些工具的分配构成了场域的真正结构"（Bourdieu, 1993a, p. 101, Bourdieu's emphasis）。

布迪厄的场域理论还受惠于结构主义的关系思想，场域在这种关系思想中被定义为"关系系统，这些系统独立于它们对其关系进行限定的人群"，而客观关系的存在也不依赖人类意识。布迪厄声称，"结构主义的革命"表明具有现实意义的不是实体而是关系，不是那些具有固定特征和概念属性的现实质性观念，如"群体"和"阶级"，而是这些群体和阶级之间的客观存在的关系。此外，这不是不同元素之间的互动问题，因为这些互动"掩盖"了在其过程中发挥影响的结构。此外，因为场域从来就不是静止的和完成的，而是永远处于"形成过程"之中，是行为的产物，所以，关系分析独自就能解释行动者怎样通过与其他行动者的关系而行动。如同场域一样，关系总是处于不断变化的状态中，永不止息且竭力想改变行动者及其处境。在这个意义上，"社会实体是由关系组成的"，而不是个体和客观物质（Bourdieu, 1993a, pp. 106, 179, 197; Bourdieu, 1990, p. 127）。然而，结构客观主义的缺点就是，它往往把结构概念限定得过于具体。关系理论必须吸纳一个主观的维度，该维度包含一个积极的、富有创造力和想象力的行动者概念。

在布迪厄看来，结构主义缺乏一个严整的实践理论，结构作为话语的潜在规则的支撑和功能而存在并控制着行动者。在这个意义上，结构主义的系统概念倾向于封闭的而不是开放的形式，且在不同的层次和位置之间，即使有也很少发生对话性的交流。结构主义无法解释以文化为介质的行动，而这却是布迪厄文化社会学的精髓。同样，结构主义也忽略了行为的历史性，也就是说场域和行动者都是历史的产物。采用结构主义的场域模式就是把行动者及其行动作为决定性的客观关系的消极产物，而用不着审视行动的确切方式和所涉及的因素。必须对具体场域中激发不同行动过程的各种特性进行理论思考，从而进一步丰富关系思想。这就是布迪厄超越结构主义革命的方法论上的跳板，即通过"习性"这个概念对行动的主观源头进行分析。

习性、实践和文化场域

场域由充满可能性的空间，也就是参与斗争和竞争的不同行动者之间的力量平衡构成。场域不是由行动者的主体间关系，而是由不同位置之间客观既定的关系结构而成的。

那么，在场域的建构中，行动者究竟扮演什么角色呢？布迪厄把场域的客体概念和行动者的主体观念结合起来，又获得了什么样的成功呢？行动者在何种方式上是场域的生产者？布迪厄通过强调关系胜过互动又是怎样解释结构和行动者的起源与转变的？

布迪厄坚持认为，场域的内在结构使行动者开展行动和改变关系。不同于一套装置（一种极端的、病态的场域形式），场域是通过积极的而非消极的行动者的实践得到发展的。布迪厄指明，行动者经过社会化而进入截然不同的场域不是通过规范，而是在认知层面通过内化场域的社会结构达到的。简而言之，就是行动者把场域的客观结构（位置的等级制、传统、制度和历史）置换为"心理结构"或者框架，并由此调节感受场域、掌控场域和理解场域的途径以及其中固有的行动的可能性。

然而，做出行动需要的不仅是这些认知框架。行动者还要对这样或那样的行动方式作出选择，选择是否参与转变场域和自身的实践。布迪厄采用了"习性"这个概念，即"社会化的主体性"。习性并不意味着一种习惯，而是一整套"长期养成的性情"，这些性情使行动者得以在社会世界中进行探索、阐释和行动。习性既组织起实践，又顾及了对实践的感知。

习性概念创造性地借自潘诺夫斯基（Panofsky）对哥特艺术的

第六章
文化场域理论

研究，以及他关于哥特建筑与中世纪共同文化的某些基本原则间的同构关系的理论。基于13—14世纪各主要教育机构传授的学院哲学，这些原则实际上已经成为支持心理习惯内化的"主要模式"，而这些心理习惯主导了哥特建筑的美学观念。这样的模式在不同的智力活动、建筑、哥特式教堂和哲学之间形成了结构的同一性。

由于注意到涂尔干和莫斯（Mauss）两人都开创了一种大体上类似的将心理结构与社会结构结合起来的研究方法，布迪厄也将习性界定为一套习得的、自主的和恒久的性情，其长期蛰伏于体内，促使个体调整自己以适应各种千差万别的社会境遇。不受具体规则的约束与控制，习性在个体的幼年时期潜移默化地养成，并由社会语境加以结构化，从而铭刻在个体心里，成为既能生发又能转变的性情。尽管其引发的行为是无意识的（例如个体行走、站立、吃东西和笑的方式），但习性并不是自动的、机械的或者重复的，而是——

> 生成实践、话语或影响力的能力……绝非天生固有的，而是历史地形成的……不能完全简化为它生成的客观条件，这不仅是因为它按照系统方式发挥作用……习性是由历史产生，同时又相对脱离历史的一项创造原则。（Bourdieu, 1993a, p.87）

习性设定了一个反思性的行动者，他或她根据实践知识决定自己在社会世界中的行为方式。布迪厄援引了马克思，以证明在"生存条件"与种种社会实践之间有人类行动者的结构性活动介入。行动者并非消极地适应，而是自己也参与创建社会世界，他或她的奇思妙想和出奇制胜使之能够运用知识和技术来维持和提高自身在场域中的社会地位。不仅如此，行动者还能通过"实践感"而行动，在这里，目标与手段不由有意识的、深思熟虑的和理性的实践决定，而是从社会建构的"游戏规约"中自然地形成。

布迪厄的实践概念不是完成式的，而是开放式的，在这个概念里，一个具备选择自由的有意识的策略，一种基于普遍认同的无意行为和基于共同语言情感的共同文化之间保持着一种复杂的平衡。选择总是受到习性和场域的严格限制，反思性的行动者只有在具体的社会环境中才能存在：

> 社会行动者总是历史的产物，是整个社会场域的历史产物，是特定的次级场域中某一路径的经验不断积累的产物……在那些社会地和历史地形成的感知与欣赏范畴的基础上，社会行动者将会积极地决定怎样建构他们反过来也被其所影响的情境。甚至可以这样说，社会行动者自我决定的限度才是他们受外部情境所影响的程度的大小。(Bourdieu, 1984, pp.135-136)

这样一来，习性就要对个体辨别和区分全部文化实践的方式负责，这些文化实践包括绘画、写作、体育运动和摄影。对于最后一项，布迪厄认为大约只有10%的人具备必要的艺术和美学素养，能够把摄影归为一种美学的而不是日常的实用性的活动。给个体接触摄影提供感知结构的原则是与阶级习性和文化实践紧密相关的，而后者源自阶级社会的结构与关系。所以，工人阶级是在严格的实用性和功能性模式意义上使用摄影，以庆祝如结婚、生日和其他意义重大的文化活动等仪式（Bourdieu, 1990b）。

同样，布迪厄在《区隔》(Distinction) 里也提到工人阶级的趣味令他们非常厌恶艺术中的激进的和形式主义的实验，他们喜欢模仿和再现的形式。这样的做法是习性与场域之间关系的产物。因此，在外交场域，来自上流社会家庭背景和公立学校教育的气质使得外交官们在一个充斥着浮华的繁文缛节和官方仪式的社会世界里，个个都显得自信十足和风度翩翩。习性就是这样与阶级和家庭融为一体的，并作为一种保守性力量将个体与社会秩序捆绑在一起。追随涂尔干，布迪厄也坚持认为象征系统（例如高级

第六章
文化场域理论

文化与低级文化各自的特征)是以"误认"的形式呈现阶级关系的结构的,具有强化现有社会区隔的效果。所以,不同社会阶级把文化商品和实践划归为"自然的"而不是社会建构的做法,就是习性的产物。这个结论相当保守,也就是说,工人阶级接受他们的社会立场和地位,而文化的功能就是要阻碍他们感受和理解阶级统治的社会历史根源(Bourdieu,1984,pp. 249 – 250)。

因此,习性的作用实际上就是"对结构进行结构……即产生和组织实践与再现的原则"。尽管它们可以被后来的经验加以修正,但这套性情已经深深植入和内化为"第二自然",成为一种象征性的历史形式并连接着行动者与他们的过去。这样,习性就保持了一种延续感,作为一种无意识的结构原则掌控着过去积极渗入现在的方式。每个个体都有着昨天的自己,他们通过汲取过去的经验以获得必要的资本,从而使自己能在具体场域中行动。其结果便是"变化的永恒",习性作为整个过去的积极存在,同时也是历史产物本身。因此,布迪厄认为正是这种过去感(象征历史)——也就是说现在即历史——而不是直接经验(或经验性的日常世界),才构成了习性的自主原则(Bourdieu,1990a,pp. 52 – 56)。

布迪厄就这样提出了一种极端的、非功能主义的习性理论,将主观因素与文化的变迁和延续连接起来。尽管实践逻辑对于很多场域而言都是一样的,但是,只有通过积累资本,个体才能降低竞争的激烈程度,从而建立对场域本身的专制统治。通过挑战现存秩序,他们寻求确立新的秩序,但并不威胁到场域的存在。因为习性会产生一种延续性,所以最极端的群体也接受场域的合法性、制度和传统,并避免与它的过去之间出现任何决裂。在文化场域中就是这样,在次级场域如音乐、文学、绘画等之中,变革总是局部的,即依据场域中的位置结构(新艺术体现新兴社会群体的价值,为他们提供截然不同的文化认同来对抗那些处在既有位置中保守地操纵艺术的人)和与过去的动态关系来解释当下的新艺术(新艺术是过去艺术的必然发展趋向,由于是着眼于当下来进行具体的应用和评价,因此延续性在新艺术的发展中得到了加强)。因此,最激进的艺术潮流——如达达主义、超现实主义和未来主义运动——彻底抛弃了既有艺术场域的合法性(包括艺术的定义、美学实践和文化制度),通过发展自己的艺术领域,从而从外部进行挑战。这些先锋运动的历史表明,采用这样的策略是注定要失败的,要想颠覆主导文化,先锋艺术必须在既有的艺术场域中发挥作用,非但不应与过去彻底决裂,相反还要通过传统的更新来确立自己的权威性。同样,当代迷你音乐通过坚持老旧的古典形式与和声,表面上综合了流行音乐(使用简单和常见的二分、三分音符的组合,产生一种类似于摇滚音乐的重复和催眠的效果)和古典音乐(使用歌剧、交响乐和协奏曲的类型,但挑战它们的智性结构),从而瓦解了音乐场域分裂为严肃与流行的合法性。凭借采用主要的严肃音乐类型,迷你音乐通过在当今美学活动中重新激活旧形式而实现了传统的更新。

由此看来,文化场域就是在对诸如"古典"的地位和剧院与音乐会中的主要经典名分的争夺中结构而成的(例如,当代女性主义的艺术批评就是为了建构一个关于女性作家、画家和作曲家遭受压制的历史传统)。布迪厄的模式将文化生产的主客观基础结合起来,可能会高估了社会斗争在艺术形式的产生中所起的作用。文化资本使个体在文化场域中占据了特殊的位置,但斗争未必是文化创造过程中的有机组成部分。社会斗争概念更准确地说应该属于场域的制度性的基础结构(例如出版、演出、发行、市场运作,以及经济的、社会的和政治的网络联盟),它的根源在于艺术领域之内的商机和利润。因而,塑造文化生产者的就有可能是另一种习性,生产者从中受到与艺术自身特性相关的目的和实践的激发。总之,习性不能完全涵盖文化实践的潜在的开放性质。同时,场域概念也过于严苛,把行动者封闭在决定论的结构里。把场域界定为力量场域也许会表现为向机械和还原主义的语境概念靠拢,但是,必须清楚地阐明给

第六章
文化场域理论

斗争提供动力的具体的斗争模式。不同的机构间为了艺术的生产、推广和接受，也会有形形色色的斗争方式，有艺术家与推广他们作品的人之间的斗争，有同一运动中的艺术家之间的斗争。如果力量场域的概念以及与之相关的习性和资本概念要具有文化社会学的分析价值，那么上述这些就是需要加以厘清的基本论题。

力量场域的概念

布迪厄承认他创立场域理论是受到米歇尔·福柯（Michel Foucault）的影响。福柯对"话语场域"的概念作了"严格的阐述"，在这些话语场域里，不同的话语如惩罚、医药和性按照其各自与差异和扩散的系统的内在关系来界定自己。在福柯的阐述中，场域由部分自主的话语组成，这种话语拒绝被和谐地整合进一个统一的知识体中。福柯拒绝了马克思主义和结构主义运用总体性和系统概念作出的全面分析，转而主张一种激进的话语理论，这种话语发展不平衡且缺乏与中心的有机联系。福柯的差异场域就是这样围绕着断裂性、多样性和离心结构等原则建构起来的，聚焦于微观逻辑而不是宏观逻辑。福柯舍弃了马克思主义的外部的、反映论的和还原的方法，连同其对话语所做的叠加，并指出这是一种微观形式，局限于经济或阶级结构。借助于强调话语的内部结构，福柯就能够解释为何不同的话语可以独立于主导因素而共存。这样，话语场域就成了力量的场域，不同的话语有着截然不同的特征和结构。

布迪厄指出，福柯的话语场域大体上可以比拟为图尼雅诺夫的文学系统，这个文学系统是不同文本之间的关系网，变化在系统里面发生而不是脱离场域本身。图尼雅诺夫和福柯都将话语及其文本与社会条件生产隔离开来，所以，变化就在文本之间的关系中发生了（短路效应的例子）。对布迪厄来说，场域是社会的微观世界，同时建立在一种内部逻辑和社会历史语境的外部逻辑之上。

分析表明，场域概念指出，在由经济资本、文化资本和象征资本所限定的不同位置之间存在着一个客观关系的网络。场域是围绕着权力、阶级和阶级分支之间的社会斗争这些名目建构起来的，每一个场域都寻求实现自己的目标和策略，竭力获取自身的文化合法性。所以，场域就是斗争的场域，是"力量的场域"，它的目的是改变或维持既有的力量平衡。相反，系统概念、机构概念和文化工业概念却侵蚀了场域的动力原则——斗争、冲突、竞争以及对立和反抗的积极作用——因为场域从来就不是静止的、完成式的和凝固在时间之中的，它的独特之处恰恰是具有"开放的游戏空间"和变动不居的界限。场域从来就不是完全独立自主的（市场法则对其施加了极其重要的外部影响），它们越接近自主性，就越能充分地实现它们内在的潜力。与此同时，场域具有历史具体性，其由特定历史发展产生的内部分化和合理性存在于时空之中，而不是像某些马克思主义者和帕森斯的系统理论设想的那样是由超历史的法则掌管的。场域概念就这样与现代性连接起来，因为比较简单的、没有分化的社会缺乏"分离机制"，这种"分离机制"会使场域与集中化了的政治、宗教和意识形态制度分离开来（Calhoun, 1995, p.177）。

在分析场域运作的复杂方式时，布迪厄强调对场域的社会学研究既是理论—批判的，也是经验—历史的，因为场域具有历史具体性，所以进行每一次研究时都必须对它们重新建构。每一个场域都是独一无二的。同时，布迪厄也关注朝着场域自主化发展的普遍历史趋向以及各种不断变化的机制。在将自己的观点描述为"发生学结构主义"时，布迪厄表明，产生变化的动力原则是习性与一种关系图景的关系，在这一关系图景中，性情引导行动者如何面向过去和现在，如何面向具体的再生产策略。

在对19世纪中叶的法国文学的分析中，布迪厄辨识出几组对立事物——艺术与金钱、纯美学与商业艺术、主导群体与挑战者——

第六章
文化场域理论

它们在"保持或转变力量场域"的斗争中兴风作浪。但是,布迪厄的模式在何种程度上能够解释行动者在场域中的积极作用呢?例如,作者用什么样的方式搭建起场域的结构和通过他们亲身的自觉实践改变具体的文学类型?布迪厄的回答是,作者在场域中仅仅是"存在而已,而且屈从于场域的结构限制";为了将自己的客观位置与别人的位置区别开来,他们要采用特殊的美学视角。行动者只有就他们的场域位置而言才算存在,而位置会随着场域的变化而变化。在一定的时期里,行动者会根据与出版社、刊物编辑和文学团体成员等的关系而占据不同的位置。行动者(以及他或她的生平)在位置结构和与之相关的性情之外谈不上拥有任何自主性:

> 正是在由各种可能性结构而成的特殊构型所规定的场域的状态中,与特定社会起源联系在一起的性情引领着实践走向一个个的可能性,这些可能性是由作为已经被占据的位置的功能,以及或多或少被明确宣称的、与位置相关的成败感提供的。(Bourdieu,1993b,pp. 184 – 189;1996,Ch. 1)

这一力量场域模式与布迪厄对既要囊括行动者的活动、又不坠入各种决定论模式的考虑存在的基本问题是,它们不能充分地解释文化变迁的具体特性。究竟是什么促使福楼拜在《包法利夫人》(*Madame Borang*)和《情感教育》(*Sentimental Education*)中创造了一种全新的小说?这一时期的力量场域结构到底有何差异,从而造成了这一小说类型的变革?马丁·杰伊在分析力量场域对于思想史的启发性价值时,已经针对这个问题提出了一个解决办法。在讨论法兰克福学派形成时期的起源问题时,他列举出了不少对于20世纪20年代法兰克福的社会环境具有特殊意义的因素,这些因素以"非一体化的"和由"斗争的冲动"形成的力量场域的面貌来进行互动。他认为这些因素抵制任何形式的融合。因而,他注意到法兰克福学派不符合德国传统的大学文化,反对官僚习气和拒绝知识专业化，而热衷于综合性的知识。德国大学最早的马克思主义组织（即社会研究所）批评资本主义，一心一意要推翻它。法兰克福的城市氛围包括日新月异的电台（肩负提供公众广播服务的职责）、报纸和关注文化及社会问题的刊物，此外，还有一个具有独特现代文化、不可小视的犹太人社群。研究所成员就在这些环境里工作，在广播、杂志、大学和左翼政治活动之间随意来往。杰伊认为，研究所与正规的大学结构、现代城市文化以及激进政党保持着一种"偏离"的与边缘的关系。这样，法兰克福学派实际上就作为上述三种力量的结点出现，且悬浮在社会文化力量场域的中间而不偏向其中任何一极。它不受任何特定语境的控制，盘旋在荒无人烟的思想领地上（Jay, 1993, p.17）。

　　杰伊的分析尽管转向了语境决定论，但还是有着指向多层开放结构和自主力量的优点，这种自主力量在特定的思想构型的起源中是概念性因素。杰伊的语境观缺乏主导中心，反倒暗示了一种多元主义，为新的独创的文化创设了空间，同时也暗示了一个新的和原创的力量场域，使得新的思想群体得以出现并在文化生产场域发挥不可替代的作用。尽管如此，杰伊的力量场域概念仍然接近传统的语境观念。传统语境观对思想的影响只有大概的描述，思想存在并不依赖其在结构中的位置，而是在同质的社会空间里发挥作用。根本没有真正的按等级组织的社会结构，也没有不同的社会层次和它们之间的相互联系。同样，也没有行动的主观方面的意识，即促使不同的行动者参与各种实践如新闻、政治和学术研究工作的价值。总之，杰伊是通过思想潮流及其内容形式来定义力量场域的，所用的方法是自上而下的还原主义，这往往会抹平社会文化语境的差异。

　　相反，弗里德里克·杰姆逊（Frederick Jameson）的后现代研究则把后现代视为一种"与晚期资本主义"生产力紧密相关的新的社会文化形态，并将其描绘为一种通过文化主导而得以动态地整合

第六章
文化场域理论

的力量场域。杰姆逊推行的是一种马克思主义的力量场域的理论思考，在这种理论里，一种全景式的美学意识形态支配着主要的文化实践形式——现实主义美学对应于早期资本主义，后现代主义则对应于晚期资本主义。然而，这样一种自上而下的"还原论"的效果是把文化与社会结构分隔开，简化了社会制度、社会关系和社会行为模式的复杂性质。因此，虽然力量场域概念对语境重新进行了界定，且经此重新界定后，文化社会学就有可能跨越社会学语境观的还原思想，将历史与客观结构的和主观的因素结合起来；但是，不管是杰伊还是杰姆逊，都没有成功地统合起客观方面（结构）与主观方面（反思）。而布迪厄则试图将场域与反思行为调和起来，竭力避免自下而上和自上而下的两种还原主义。但是，他没有考虑到文化变迁的具体特性。

场域理论的缺陷

布迪厄是从生产与再生产出发来思考文化的，为了驳斥文化社会学中的短路效应，他将文化与具体的社会历史语境联系起来。在这种语境里，场域作为一种社会的微观世界而发展，享有相对自主且受到一种特殊的内部逻辑的控制。现代社会不再被定义为一个系统，而是由彼此不同但又同时并存的场域结成的一个网络。这些场域的出现和结构（特别是经济因素）都依赖于外部因素，但它们的内部却是充满活力的。文化通过场域与习性、价值、策略和行动者的具体行为活动的关系而得以实现。

布迪厄的模式不是唯一可以被描述为"发生结构主义"的文化社会学，而将场域概念与短路效应的说法与卡尔·曼海姆著作中的认知观点做个简单的比较是值得的。曼海姆著名的"保守思想"研究是这个领域的当之无愧的经典研究，他主张18世纪康德的启蒙哲学与法国大革命的政治意识形态之间存在同质关系。康德哲学所体现的充满活力的思想元素与法国大革命所支持的理想差不多。相比之下，德国的保守思想悻悻地反对启蒙运动的自由哲学，企图为现存的半封建制度取得自觉的合法地位，以抗拒现代社会的发展。曼海姆表明，这种浪漫的封建制度对自由精神的反动之所以发生（它强调的是有机的进化、历史延续性和传统的支配），是因为弱小的资产阶级在意识形态上受着强有力的、咄咄逼人的贵族阶级的控制。"思想风格"就这样由不受现代性影响的社会阶层滋养着。

在曼海姆看来，截然不同的社会团体（资产阶级、无产阶级和贵族阶级）产生了截然不同的"思想风格"（或世界观），这种"思想风格"构成了个体或时代的总体的、全面的视角。"思想风格"直接对应于争权夺利的群体或阶级的社会地位。与布迪厄一样，曼海姆也认为思想文化被深深地卷入社会冲突及竞争、权力欲望和社会认知的过程中。这样，在思想场域即智性思想的微观世界与宏观阶级结构之间，就形成了同质关系。在曼海姆的分析中，行动者不发挥积极的作用，思想风格的起源是社会群体这个"集体主体"的产物。

曼海姆的全面分析所用的方法将微观力量和宏观力量结合起来，这是一种客观主义社会学，即微观力量被宏观力量同化，实际上也就取消了建立结构和重新建构的途径。相反，布迪厄的场域和习性概念结合了主客观维度，既看重结构的历史起源、社会行为和实践的集体基础，同时又与实践的开放性质结合起来。曼海姆的文化社会学没有阐明社会群体和阶级的意识（价值、期望与策略）与广泛的社会语境的关系，它们之间的交往被认为是想当然的。但是，曼海姆的长处在于他强调阶级或群体的形式是语境的结构元素，为集体行动提供了共同基础。这也是布迪厄文化社会学的基本问题，即如果场域和习性都是集体概念，那么阶级习性与曼海姆的集体主体

第六章
文化场域理论

又有什么区别？这与其说是反思社会学的方案，是不是还不如说是结构决定论？许多批评家已经指出场域和习性概念的一目了然的决定论色彩。马丁·杰伊也指出，布迪厄描绘的场域中的个体就像磁场中的铅颗粒一样被牢牢吸住，尽管布迪厄明确反对这个类比。在场域的运作中显然有决定性的因素，结构是随资本的分配建立起来的，场域的内在逻辑与个体或群体所拥有的资本类型和总量密不可分，这些个体或群体为了提高他们的社会地位而精心谋划、运筹帷幄。如他们运用的策略包括重新转变，个体和群体通过这种转变做出调整以适应新的情况和关系，从而保持自己的社会地位。商业团体将其经济资本转化为教育和文化资本，以确保他们的继承人在社会上站稳脚跟。

与此相似，在对1850年后的法国文学新的文学形式（福楼拜的小说）的分析中，布迪厄坚称，正是由于福楼拜拥有特殊的文化资本，他才能批评既有的资产阶级趣味的巴黎艺术，才能标识一种新颖激进的姿态，也就是"为艺术而艺术"。没有文化资本，不管是个体还是群体都不可能有效地挑战资产阶级审美文化的主导规则（Bourdieu, 1996）。与此同时，场域里也存在着各种可能的实践，这是显而易见的。与他人相关的行动的结局与后果是不可能被预见得清清楚楚的。场域是斗争和可能性空间的荟萃之地，尽管布迪厄的理论有一些决定论的成分，但场域概念始终向着许多可能出现的结果开放。在所有的语境里，个体与群体都只有有限的活动空间，正如马克思指出的，人类不选择行动的条件，而实际上正是这些条件构成了行动得以发生的基础。每一种情境都是决定论和自主论的复杂混合。作为"力量关系的地盘且包含志在改变其自身的斗争，因而出现了无尽的变化"的场域概念卷入了反思行动者和具体的行为模式。虽然场域有几分像系统，但它不是系统。场域不是功能主义的自我调节和连贯的系统，而是可能发生的变化的无尽空间。

布迪厄的理论是通往文化的历史社会学的一次郑重其事的尝试，

它与正统马克思主义社会学的方法存在着尖锐的分歧。例如,帕森斯和法兰克福学派过于强调结构和共时性而忽视发生学和历史的因素,因而不能解释集体行动在社会和文化变迁中所扮演的角色。正如我已经表明的,布迪厄的阐述同样也不能解释集体行动作为一种积极因素在社会转型中的作用。但是,我相信布迪厄已经提供了这样的理论基础,即能够将结构主义的客观主义与萨特的主观主义结合起来。

然而,这也有严重的缺陷。布迪厄的弱点正是在文化社会学方面,而这正是法兰克福学派最为擅长的。作为一种内在的批评,作为一种反对现代社会封闭的物化结构的形式,文化开启了可能通向别样世界的道路。对法兰克福学派而言,文化不是一个强化个体行为能力的过程,不是现存社会企图否定的价值的体现,而只是既有现实的"他者",但却与日常实践紧密相连,包括社会的、政治的实践,交织着权力和趣味判断的话题。文化被理解为一个通过"hysteris"再生产象征权力的过程,"hysteris"是一种有效地支持和稳定社会秩序的"误认"。社会文化环境型塑人类行为和经验,反过来又被人类行为与经验型塑。只有通过与过去和习性的联系,文化才能超越这种状况。尽管这是布迪厄最有价值的思想,但是却没有解决具有普遍和超越价值的文化如何充当批判和部分自主的角色的问题。这是我在第一章中描述的马克思的问题——荷马《伊利亚特》的超历史的魅力——帕森斯和葛兰西通过共同文化和盟主权的概念解决了这一问题。虽然布迪厄的立场接近葛兰西更甚于接近帕森斯,但也确实提出了很不同的问题,特别是在结构经由集体行动实现发展和变化的方式方面,因为行动者是在不同的社会(场域)层次上和具体的制度内展开互动的。在下一章,我将联系反思行动者的观念、巴赫金的对话、互动概念(和互动秩序)以及大众文化来考察文化自主性和场域自主化问题。

第七章
对话原则和文化形式

文化场域：行为与交往

在前面几章中，我已经考察了广泛的文化理论思潮，这些思潮的顶点是布迪厄对文化社会学的客观与主观两极的尝试性综合。正如我们看到的，马克思主义和各种社会学理论都存在的主要问题在于把文化作为一种半自主的领域或场域来分析，这种文化具有鲜明的内在特性和形式，不能还原为社会组织的外部情景。马克思主义的功能主义倾向和社会学分析认为社会系统（宏观结构）拥有连贯性、统一性和自我调节的功能，这个系统通过一个主导中心（社会阶级的世界观和共同文化）来整合文化。社会学的功能主义，从涂尔干到帕森斯，都把文化界定为一个过程，在此过程里，个体在心理上吸收社会结构的某些方面，这些方面因此得以制度化为社会系统。这将具有掩盖来自文化的与来自日常社会生活的意义之间的分析性区别的效果。象征、社会行为和制度化模式紧密配合，相互适应，结果就是行动者的积极角色在文化的创造过程中的边缘化及其行动的创造性和自愿性的减弱。

韦伯的文化分化主题，以及他的解释社会学对意义问题和行为动机的强调是一种解决办法。但是，韦伯这种论述存在的问题在于当其涉及行为语境、行动者的具体的社会文化面貌及其在具体语境中的置入模式时，所体现出来的理论上和经验上的模糊性。正如我们已经看到的，布迪厄通过涂尔干的心理结构这个概念来解决这个问题，这种心理结构沟通了习性的主观主义和场域的客观主义。通过这种方式，布迪厄对场域的起源和文化生产（处境具体性）的不同形式以及行动者参与、介入结构和场域转型（内在的视角）的方式提出了一种解释。与韦伯不同的是，布迪厄是在语境方面将自主原则置放在历史发展和集体行动之中的。

然而，布迪厄的阐述还是产生了一些新的问题。尽管是就"他们的创造活力和发明能力"来界定习性和行动，但布迪厄还是把性情视为"经济和社会进程的"产物，这种性情或多或少可以化约为"存在状况"的特殊的"外部限制"。结果就是行动概念成了一维的、不容置疑的，且无法对价值和意义进行反思的概念。总之，习性理论暗示的是一个有限的和决定论的行动观念，而不是一种反思性的社会自我，这种社会自我的社会认同和文化认同来自与他人的复杂互动。反思性更多地属于场域而不是行动。随着场域获得自主，行动者占据了新的位置，他们就在自己发挥作用的过程中促成和丰富着场域的历史。例如，福楼拜小说中的人物与巴尔扎克小说中的人物形成参照，这就标志着小说接近了"反思性"，这种反思性是场域自主的最重要的表现之一（Bourdieu, 1996, p. 101）。

然而，布迪厄强调这不是一个行动者机械地再生产场域结构的问题，而是习性的创造力问题，它超越了行动者存在的物质条件。因为布迪厄把场域定义为争夺稀有资源的场所，所以"利益"这个概念就在决定那些旨在实现垄断和主宰的实践的过程中发挥关键作用。在这里，问题不是行动者按照批判与反思模式有意识地评价原则和基本信念，而是行动成了纯粹的工具。行动者深入到具体实践中以保持和增加他们的资质，并由此提高他们的社会地位，即"再生产策略"；要不就是成功地将一类资本转化为另一类（经济资本转化为文化或象征资本），即"转变策略"——于是就提出了对合法性

第七章
对话原则和文化形式

的要求。

布迪厄的模式集中于一个基于自私自利和自我主义的行动者概念，因而一味地关注对个人目的的追求。文化场域的类型之争——例如现代主义小说——反现实主义小说——就表现为统治阶层与新兴群体间争夺文化合法性的广泛斗争的一部分。新兴群体为了策略性目的，总要维护和重新界定文化类型的性质。的确，布迪厄认为，实践的逻辑总是服从于经济计算，甚至是在其可以宣称"超越功利"的时候。场域逻辑实际上符合资本主义经济、阶级斗争和意识形态的再生产结构。例如，教育场域就再生着资本主义的阶级关系——生产一种具合法性的意识形态并不断地将经济资本转化为文化资本。这样，在内部与外部斗争之间就有了一种同构关系，因此，教育场域（就像文化场域一样）体现了不同社会阶级和阶级分支之间的冲突与张力。场域不是直接地反映阶级关系，而是作为阶级斗争的微观世界和资本市场的内在逻辑而发挥作用。相似地，在描述被精心挑选出来的文化机构和沙龙，如贝鲁特、威尼斯、佛罗伦萨等时，布迪厄将它们描述成具有社会排他性的世界，在这些世界里，任何事物都被分门别类，审美品位就依赖于对这些分类的掌握而形成。布迪厄把文化简化为阶级关系的基本方面（Bourdieu, 1990, p. 137）。这样，行动者就不能选择和评价艺术与文学，除非是在遵照地位区隔的社会必然性的条件下。

因此，有一种巧妙地忽略文化与社会的倾向，也就是不给前者以充分的重视。文化有自己的历史，据此，文化形式，例如文学类型，便享有独立于生产的物质属性和社会语境的部分自主的现实。如果转型的能力就存在于行动者通过习性与场域建立的关系之中，而这种关系对于场域来说是偶然的，那么，文化形式的转型能力及其与文化历史的复杂关系的问题仍然是悬而未决的。如果文化概念仅仅被限定在场域和次场域，就会失去与历史的关联，也就会导致一个内视的文化观念而与自己的历史和社会隔绝开来。

布迪厄认为场域是历史的产物,具有内在的和固有的动态属性,该属性存在于不同位置间的关系和斗争之中,而这些位置又属于具体的历史时代。然而,布迪厄没有处理文化时代这一问题,以及文化相对于其他社会力量的发展不平衡的事实。例如,他忽略了在场域获得自主性之前的时期(布迪厄把它定义为现代资本主义时期)发展起来的大众文化形式也有可能在现代文化形式的起源和构建之中起着积极作用(这里引用的例子是流浪汉小说的形式,这种形式来自前现代文化,并渗入了18世纪晚期和19世纪早期的小说结构;此外,来自前现代民间节庆的狂欢因素也影响和型塑了当代的讽刺文学形式)。更进一步说,文化研究包含由于历史发展而引发转型的场域中的文化的生产和接受模式,并提出了分析文化形式成为文化历史组成部分的方式这个问题。这不是单纯的对文体和作品在时间中的转型以及艺术作品的前景的论争,当然,这些都可以充分地被包容在布迪厄的模式里且实际上是与其融为一体的。所以,不如说文化接受不是一个特定阶级的文化占有问题,而是一个广泛占有旧形式以加强提高自身在实现古为今用、推陈出新及获取文化认同方面的能力的问题。尽管这样的接受与文化团体(教育、媒体、剧院和出版)紧密相连,但是却不能化约为狭隘的利益。例如,很难看出过去的四个世纪对英国文艺复兴戏剧的各种各样的解释,连同它们对文化历史与文化认同所提供的参照,如何能够融入工具性的行动概念。

场域理论清晰地设定了一个交往行为的模式。布迪厄和威廉姆斯两人都强调文化的交往作用,但是并没有阐明交往过程与行动者之间建立关系的实际情况。布迪厄的关系模式存在着缺陷,也就是指社会关系的主体间性的各种因素不能进入交往链。例如,所有行动的发生都是通过"位置"而不是互动,因为布迪厄坚持结构不能简化为互动和实践,而结构正是通过互动和实践来表现自己的。因为行动者具有某些特质,且这些特质又与其在场域中的位置联结在

第七章
对话原则和文化形式

一起,所以他们在社会中是活跃的和有实际作用的,但这都是由于他们占据了客观位置。根据这种方式,布迪厄设想交往行为是在位置属性的基础上发展的,所以,文化分析就避免了将客观结构简化为行动者在互动中产生的主观状态。社会关系也不能简化为这种交往关系。但是,没有互动也就没有交往;没有占据不同位置的人彼此之间的对话,没有思想、判断和愿望的生动交流,也就没有掌握行动者改变和发展他们的文化认同和自我观念的实际方式的途径。假如反思性反应、创造性以及自主行为得以出现的条件被排除在理论研究之外,那么,反思性怎么能够构成布迪厄方案的有机部分呢?因为布迪厄把行为概念构想为工具性的,所以自主观点、价值和批判思想都没有立足之地,顶多只是实现社会地位和文化主导的途径。

最后,微观与宏观层面的关系也是含糊不清的,因为,尽管习性概念解释了行动者达到目的的策略性方向,但是,习性的心理框架并不能阐明行动者的经验结构(场域)转化为文化形式的确切方式。总之,问题在于:背景如何成为前景?作为社会实践的文化(外部的)与作为具体审美形式的文化(内部的)间有无联结?如果文化仅仅被狭隘地限定在场域和工具行为方面,那么文化就会被简化为社会语境的具体体现。但是,文化的创造超越了它的生产条件,长盛不衰的文化形式源远流长,通过新的接受模式在不同的历史时期和社会中流传,注入新的文化实践和艺术创作中。尽管有这些优点,布迪厄的文化社会学却没有深入考虑文化的深层历史根源及其内在的本质属性。因为欠缺主观主义、自动主义、反思性,而且主体间交往理论也发展得不充分,所以布迪厄的文化社会学本身缺乏一个详尽的文化概念。法兰克福学派的文化理论把文化作为对抗形式和乌托邦,作为现存社会的新的出路,布迪厄反对这种理论,却日益倾向于一个贫乏空洞的历史社会性的文化观念。相比之下,对文化社会学最重要的贡献之一在俄国社会学家巴赫金的著作中首次得到详细说明。巴赫金在其著作中将互动、对话、积极行动者融为一体，是一种围绕文化的生成及其辩证和颠覆的本性而创建的文化社会学。

巴赫金：文化、自我与对话

巴赫金的著作已经并继续在当代文化理论领域中发挥巨大的影响，尽管自20世纪70年代以来，对他的主要著作的接受倾向于集中在文学与哲学方面而忽视了他的文化思想。他的贡献包括哲学美学、语言、文学理论、小说史和大众文化，以及广泛的文化历史和哲学研究等方面。在克拉克和霍奎斯特（Holquist）撰写（1984）的巴赫金传记里，他们指出，巴赫金全部著述的主线首次在《应答的建筑学》（architectonics，1919—1924）一书中得到阐述，即在文本建构和自我建构之间求得平行。巴赫金在试图定义和转变自己的社会活动的行动者和按照类似模式形成的文学或文化形式之间发现了一种必要的、有机的关系。巴赫金在这里表明，构成社会语境的各种力量并不是机械地从外部发挥作用，而是进入自我、文本和语言，成为其必要的构成成分。总之，巴赫金提出了背景如何成为前景的问题，因此，正如他后来在陀思妥耶夫斯基研究中所表明的，每一个文本都潜在地和内在地是社会学意义上的。

虽然"建筑术"这个采自巴赫金词汇的术语可以用"结构"或者"建构"取代，但它的基本原则始终是巴赫金文化理论的核心。他把"建筑术"界定为不同因素间调和并最终成为不同整体的方式。这样，由相互分离的因素或组成部分建构起来的社会自我和文化形式就成为"完善的整体"，这是实际的创造性活动的结果，而不是外在的、非人力量的结果。然而，试图在不同的物质之间形成联系就要冒遗漏事件中活跃的但不与其他因素融合的参与者的风险，由此便遗漏了促使事件本身发生的创造性力量。巴赫金这里的意思是整

第七章
对话原则和文化形式

体的"完善",但如自我或文本之类从来就不是自成一体的而总会有一个"外在性"。例如,当"我"成为自我及实现自我时,"我"会在通过行动转变自己之际立刻意识到与他人的关系。没有这个"他者",自我就不会存在,但这并不意味着自我认同与他者或整体融为一体。因此,尽管自我的形成构成一个包含着调和与完善(独一无二的自我)的过程,但不管怎样,自我始终在自我之外保持部分的存在,因为内部和外部的自我并不协调一致,生活永远不会臻于全面完善的状态(Bakhtin, 1990, p. 122)。

巴赫金的自我与整体的概念在其存在的社会文化语境里有着坚实的基础。相比于西方马克思主义者如卢卡奇和阿多诺的理论,巴赫金没有感到一个深刻异化的社会世界——这个异化世界必须在遥远的乌托邦才能重新回归并与现实世界融合为一体。巴赫金的生活世界是通过自我与他者的实际关系,通过对为了实现交往、发展和变化的对话语言的使用而建构起来的。建筑术高度宣扬行为、运动和活力,认为社会生活的根本原则就是通过对话而形成自我和他者:

> 为了生活和行动,我需要永不完善,需要对自己开放……为了自己,我必须成为价值论上未完善的某人,这个某人与他既有的状态并不协调一致。(Bakhtin, p. 13)

虽然巴赫金的理论属于哲学而不是行为社会学,但这些概念在后来的社会学研究中起着决定性的作用。建筑术与盛行的、正统的马克思列宁主义背道而驰,后者把行动者及自我视为对经济和阶级结构的反映,根据严格的机械观念构想自我与社会的关系。对巴赫金来说,自我与他者的关系是对话性的,在其中,自我的存在不是作为一个固定的、完成式的和终结性的数据,而是处于不断的活动中。在他的小说研究、大众文化研究和历史话语研究中,巴赫金关心的是展示社会生活的对话或复调性质,其基础建立在开放性的对话中:

活着就是参与对话：发问，注意，回应，同意……在对话中，人全身心地投入，而且终其一生使用他的眼睛、嘴唇、双手、灵魂、精神以及他整个的身体和行为。他把整个自我都投入话语之中，这种话语则进入人类生活的对话肌理。(Bakhtin, 1984, p. 293)

巴赫金对对话原则与独白原则的区分是他的自我理论的中心。独白原则把他者设想为终结性的和完成式的，是一个意识的客体。而对话原则却鼓吹开放的、未完成的意识，这种意识依靠与他者的关系而存在。独白原则导向自我的内转和封闭，导向隔绝和孤立。对话原则厌恶封闭而外转，去遭遇和回应他者的意识："只有为了他人、通过他人、并在他人的帮助下展示自我，我才能意识到自我及成为自我。"（Bakhtin, p. 287) 这样，对话原则就是以他性为基础的。"存在意味着交往。"巴赫金认为，这种对话的自我在陀思妥耶夫斯基的小说中得到了最深刻的文学表述。在他的小说里，主人公不断地努力颠覆他者的言语，这些言语会外化或终结主人公的自我感。巴赫金引用陀思妥耶夫斯基的中篇小说《地下室手记》(*Notes from Underground*) 的主人公，这个人与社会主义的思想交锋"就确切地说明人不是据以进行精确计算的有限的量和固定的量，相反，人是自由的，因此能够打破任何强加于他的规矩"(Bakhtin, p. 59)。

巴赫金的自我概念是带有深刻反思性的，因为内部体验的一切都要转向外部以遭遇他者的言语。这样，自我就存在于自我意识与他者意识、自我言语与他者言语的边界上。这促使自我对相对自己而言的他者进行反思和积极回应，所以，他人的言语便成为自我的一部分。正如巴赫金所说，为了自己成为作者，我需要他者。

因为自我在社会生活的对话因素和独白因素之间造成紧张，所以文化本身也被理解为两种基本思想倾向的斗争。第一种是与向心力相连的倾向，即把社会文化世界封闭在某一思想体系（某些形式的哲学、美学、社会学）里，令其走向贫瘠和枯萎；第二种是与离

第七章
对话原则和文化形式

心力相连的倾向,这种倾向尽力抛弃系统思想和界限而保持开放。思考和研究文化就要欢迎丰富性、多样性、流动性和广泛性。在建筑术里,巴赫金关注的是建立一种适合文化研究的方法论,强调任何研究文化领域或场域的科学都必须保持研究对象所有的复杂性、丰富性和鲜明特色,同时也要阐明其与具体社会文化语境的关系。尽管建筑术不是文化社会学,但它的基本主题一再出现在巴赫金后期的研究中。他的文化概念意义非凡,原因就在于它摆脱了实证主义的经济基础—上层建筑模式——这种模式认为文化组成了一个物质性制度、实践和意义的特殊空间,所有一切都封闭在其井然有序的界限里。巴赫金的所有著作都反对界限,他拒绝文化具有自己的"内在领地"的观点,这种领地可以被辨识、范畴化和固定下来。对巴赫金来说,文化是通过共同体中的差异,通过互动的模式,通过个体克服和超越社会内部的社会性和政治性的机制的努力而实现的,这种努力的目的是确定和稳固自己的认同,就像当代许多文化社会学通过"青年文化"和"高雅文化"或某一特殊兴趣、职业和家庭中的文化特质来识别个体一样。巴赫金把文化视为一个开放的、未完成的过程,这一过程在各种差异相互碰撞的边界上展开,这些差异只有在对话中才能实现统一。他对民间文化的研究最能体现他的"自我"、"他者"、"文化"和"语言"这些概念是一种边界现象。例如,在他的拉伯雷研究中,他注意到中世纪民间文化中的笑声的嘲弄和讽刺功能,这种笑声批评官方文化(国家和宗教),使寻常个体在"自由开放地带"作为一个自主的自我存在,他们的认同与大街、酒馆、市场和广场的气息连在一起。笑文化把高级与低级制度,也就是主导性的政治宗教制度和意识形态与日常大众文化的制度和实践结合起来。

把巴赫金的符号文化概念与文化人类学家克利福德·吉尔兹的符号模式进行比较,复杂的边界概念就会得到更清楚的说明。对吉尔兹来说,文化分析的任务就在于提炼不同层次的意义,这些意义形成了特定社群的具体文化实践的特色。在意义的交流中,文化参与了象征秩序的构建。所以文化分析要吸收日常实践的零碎的、瞬间的元素,并将其转化为社会话语的固定"言语",也就是文化的完成式文本。因此,吉尔兹在《深描:巴厘岛斗鸡笔记》(Peep Play: Notes on the Balinese Cockfight)里把斗鸡解释为参与者用以交流特殊意义的一种艺术形式。这种分析是外部的,因为吉尔兹想当然地认为这种意义已经是确定不变了的,所以他不质疑事件的内在意义对于参与者有何意味。文化作为文本和"言语"被封闭在存在于时空之中的仪式、象征和实践的规定结构里(Geertz,1973)。

这种外部方式就是巴赫金所说的"外在性",因为只有从外部看,文化才能全面深刻地展现自己。该方式通过构成文化的物质现实的范畴来掌握文化,从而在文化之间、在过去和现在之间产生对话。"在文化领域,外在性是理解中至关重要的因素。"(Bakhtin,1986,p.7)但是,这种必要的方法论原理的结果却会终结文化的本性。因此外在性必须用内部分析来补充,用文化开放的、动态的历史本性来补充,这种文化本身立足于边界上,抵制终结性的方法论。与吉尔兹相反,巴赫金主张,在文化分析中,意义总是处于存在与生成的过程中,且总是作为对话出现,而且在被分析之前不会呈现特定的意义(Geertz,1973)。

话语、语言和文化

虽然建筑术为巴赫金后来的文学艺术研究奠定了基础,但他却在与俄国形式主义和索绪尔语言学的批评对话中发展出一套独具特色的研究文化的社会学方法。形式主义的领军人物(艾钦鲍姆、什克洛夫斯基、托马什夫斯基、图尼雅诺夫)主要都是文学和语言学者,试图将科学研究方法运用于对文学形式、文学语言以及具体文体如史诗、小说和大众文学形式的演变的分析中。

第七章
对话原则和文化形式

形式主义学者把他们的方法描述为"基于事实的客观思考"的、经验性的"独立文学学科",他们认为自己是"专门家",他们的方法论基于具有自足结构的文本。文本的意义在于它的内部特性和文学性,正是文学性使得一个特定的文本成为文学作品(Erlich,1981,pp.171-173)。文学分析是按照纯粹的共时性观念来构想的,这一强调来自索绪尔的结构语言学,这种语言观认为语言是一个由其内部调节规则赋予结构的演变系统。意义存在于系统之内,存在于词语的相互关系之中,存在于差异性和同一性里。因此,要理解词语"红色"的意义,就必须知道绿色和蓝色是什么,才能知道红色不是什么。因为语言构成了一个差异系统,所以个别单元要获得同一性,就必须通过与其他单元间建立关系。索绪尔经常把语言与象棋游戏或系统做比较,在象棋中,每一个棋子的同一性是从它与其他棋子的差异中形成的。他的主要观点——形式主义也一样——是任何言语如果不参照决定其意义的系统,也就是说参照那些独立于社会历史变化的基本符码,就不可能被理解。

索绪尔的反语境主义以及他对共时分析(一些在时间中一致的因素,与历史变化无涉)与历时分析(演变、变化)的区分,具有强化系统与历史间的对立的效果,这正是形式主义以及由它演变而成的结构主义的特征。因为语言是作为一种系统而存在的,它的纯粹价值不是由别的东西而是由词语的即兴排列来决定的,所以共时分析就总是优先于历时分析和历史。语言就是这样一个由相互依存的词语构成的系统,在这个系统中,每一个词语的价值都仅仅来自别的词语的同时存在。尽管这种理论模式有利于把文化实体作为关系而不是事物来掌握,但是它实际上却消除了文化形式与其语境之间的生动的相互作用。尽管结构主义超越了形式主义对文学语言的一心迷醉,转而研究文学作为其组成部分的更广阔的文化系统,但它却既没有阐明两个系统的联结方式,也没有阐明变化是怎样和为何发生的。结构主义后来发展的最令人惊奇之处(特别是文化理论的结构主义）是对社会分析的全面弃绝和不能从语境上把文化形式和过程作为一种历史现象来把握。它把文化形式的复杂多样简化为由一些规则所组成的基本系统，避开了文化生成和文化实践的不同层次与相应的形式之间的互动这些问题。正如布迪厄注意到的，结构主义试图用"封闭"和强加界限的手段，用形式模式、程序和规则来替代纷乱繁杂的生动历史。

巴赫金接受了形式主义对存在主义的哲学真理和文学形式的普遍概念的抛弃，但却拒绝它们的内在视角。他坚持外部的社会历史力量对于美学形式的产生具有构型作用，根本没有任何文体（如史诗、冒险小说和传记小说等）能够脱离历史语境而独自发展变化。他按照形式主义没有掌握的进化法则描述文体的发展，并在此过程中评价文化的关键作用。

建筑术已经表明，理解的关键在于对话，在于自我与他者的交往关系。尽管索绪尔的语言理论并没有优先考虑对话的作用，但巴赫金与他一样，都强调语言的集体性。"符号系统"是由一定的法则和结构控制的。索绪尔把符号学描述为"研究社会中的符号生命的科学"，认为"假如我们要发现语言的本质，我们就必须知道它与其他符号系统如仪式与习俗有什么共同的地方"。索绪尔更进一步区分出符号的组合和聚合两种关系。组合关系与符号在言语中的位置相关，因此语词的意义依赖于它与句子中其他语词的关系。而聚合关系是指与之相关的语词不存在于实际的言语之中，但是仍然可以通过类似的语法功能和相关意义（同义词和反义词）及发音形式来使用（Saussure，1994，pp. 16 - 17）。

巴赫金更关注语言的组合性质，关注活生生的言语的句子而不是符号系统的更抽象的聚合层面。他比索绪尔走得更远，把语言符号置于语境的基础上，认为符号的意义是历时性和关联性的，即涉及不同的说话者与他们在句子中对词语的实际使用之间的互动模式。

巴赫金区分了两种语言理论的范式：一种被他称为"个体主观

第七章
对话原则和文化形式

主义",这种理论把语言限制在个体意识中;另一种的名称是"抽象客观主义",这种理论按照聚合关系把语言设想为规则和关系的系统,独立于历史、社会语境和个体言语而存在。巴赫金承认索绪尔的理论清晰而严谨,但是他批评这种将语言与历史分离的倾向,因为它把语言界定为脱离偶然的和无序的历史而存在的一个系统,"形式的、系统的语言思想不能与生动的、历史的语言相互理解和包容。从历史角度看,历史总是一连串的偶然的违规"(Bakhtin and rolosinor, 1973, p. 78)。语言只能通过历史时间与丰富多样的语境所约束的言语行为和言语而存在,语言的使用总是从一个语境转移到另一个语境,所以词语实际上是"去中心的",浸透着他者的意图和价值。语言总是从一代人演进到下一代人,将个体卷入"词语交流之流中"(Bakhtin and rolosinor, 1973, p. 81)。"抽象客观主义"理论认为语言外在于(共时地)这个"流"(历时分析),因此该理论没有在实际运用的词语和抽象系统之间建立充分的联系。

对巴赫金而言,语言就是这样不可脱离具体的历史语境和它在交流中的基本作用:

> 语言获得生命并历史地演进……这是在具体的词语交流中,而不是在语言形式的抽象的语言学系统中,也不是在言说者的个体心理中。(Medreder and Bakhtin, 1978, p. 129)

因为语言依靠语境而获得意义,所以词语的结构属性体现出意义的多样性:

> 词语的意义源于它在言说者之间的交流中的位置……只在积极回应的理解过程中实现。意义不停留在词语中……而是体现在言说者和倾听者的互动所产生的效果中。(Bakhtin and rolosinor, 1973, p. 95)

但是,索绪尔却将言语(parole)与语言(langue)分离开来,他设想语言是某种被个体消极吸收的东西而不是"言说者的一种功能"。索绪尔没有看到不同言说者在言语交往中的对话关系。巴赫金克服了"纯语言"与"非纯语言"（历史的和具体的言语）这种二元对立的二分法。他认为词语是对话性的："语言仅仅存在于其使用者的对话交往中。对话交往是展现语言生命的真正领域，语言渗透着对话关系。"语言作为话语是积极的和生产性的，涉及对现在、过去和可能实现的未来的社会评价。只有当语言成为言语并体现不同言说者所占据的位置时，语言的语义和逻辑关系才会真正具有对话层面。话语就是这样把个体在交往之链中连接起来的：

> 言语不是相互漠视的，也不是自足的。它们之间互相感知并且相互反映。每一种言语都充满了别的言语的回音与回响，它们在言语交流领域的共同体中相互联系。每一种言语都对抗、肯定、补充和依赖别的言语……多少要把后者统统考虑进去。(Bakhtin, 1986, p.91)

对索绪尔来说，语言形成了一个既存的抽象而稳定的系统，并有效地消除了历史时间的印记，而对巴赫金来说，语言只有在生动的言语中才能表现自己的创造力。正是通过言语，行动者才能改变言语所发生的社会语境和他们自己。正如莫尔森所指出的，这体现了巴赫金最为极端的思想：谁说话，谁就在创造。个体不会接受现成的语言，不会来者不拒地照单全收，而是积极地、充满想象地使用语言，用以表达和交流思想及参与意识形态的互动。巴赫金强调说，意识形态现象是作为物质符号存在的：

> 意识形态现象实际上是社会符号的客观现实。这种现实的法则就是符号交往的法则，由全部社会经济法则所直接决定。意识形态现实是直接建立在经济基础上的上层建筑。个体意识不同于意识形态上层建筑的结构，而不过是意识形态符号的社会大厦的一个临时居所。(Bakhtin and rolosinor, 1973, p.13)

因此，意识形态就没有被理解为一个完成式的和总体性的结

第七章
对话原则和文化形式

构,一个深植于人类意识或文学和哲学文本之中的连贯一致的世界观(就像正统马克思主义那样),而被理解为个体之间的社会互动的生动过程。对巴赫金来说,意识形态现象深深地渗透进了社会生活的源头中,也就是渗透进了言语、手势以及物质世界的各种声音之中。

尽管是用马克思主义的术语来表述,但《马克思主义与语言哲学》(Marxism and the Philosophy of Language)对苏联马克思主义机械地将意识形态纳入社会语境,以及消极地理解上层建筑这一概念的倾向进行了尖锐的批评。同样,索绪尔的语言学也把个体与社会的关系作为自然的而不是社会的现象来分析,所以也没有成功地解释意识形态。意识形态的社会角色在语言的使用和发展中没有发挥作用。这样,语言分析所应用的范畴的社会特性就大多被忽略了,这导致索绪尔把话语与行动者和文化都分离开来。

话语形成了巴赫金文化分析的中心,这是一种积极的和生产性的实践,涉及对现在、过去和未来的历史的价值判断。在传统上,语言学规定它的研究对象为死的书面语言,也就是孤立的、完成式的独白言语,且脱离了社会文化和语词的语境。这样的立场取消了所有对符号的积极回应或者对它们的理解。交往实践的积极模式需要一个对话的视角,在巴赫金的语言理论里,言语的对话性质总涉及自我与他者的未完成的和开放的关系,通过对其中语言和言语类型(如高度灵活多样的日常会话)的实际掌握,个体就能全面掌控他的话语活动。所有的话语都包含着倾听的言说者和言说的倾听者之间同时发生的相互理解:

> 所有真正的理解本质上都是对话性的。理解之于言语就像一句对话之于下一句……言语只有在言说者之间所处的位置上才有意义……仅仅在积极的回应性的理解过程中才能实现……意义是言说者与倾听者间互动的结果,其产生是经过特殊语音系统所组织起来的材料。(Bakhtin and rolosinor,1973,pp. 102 - 103)

所以，与布迪厄一样，巴赫金也认为言语共同体是在场域中围绕着行动者所处的位置建立起来的。巴赫金关于语言的著作集中于论述言语类型或言语形式（巴赫金晚期论文的主题），强调对这些东西的分析是马克思主义的当务之急。所有社会群体都拥有大量的言语形式，这些形式对意识形态交往至关重要，其决定于生产关系和"社会政治秩序"。尽管这些理论模型都用马克思主义的术语来进行解释，但是巴赫金远离了机械论。他坚持认为，虽然个体通过语言来构想现实，但言语类型正是以一种结构的而非混乱的形式构成了再现社会世界的方式。现实只有通过这种再现方式才能得到把握。总之，话语不是简单地反映，而是在组织和改变它的社会语境。

在从1970年至1971年所写的笔记里，巴赫金复述了这种积极的语言观："符号学主要研究如何运用一种现有的符码进行当前交往活动的信息传输。但在生动的言语中……交往首先是在传输过程中实现的，因此本质上是没有符码的。"这样，由于语言只存在于言说之间的关系中并通过独特的言语类型发挥集体性的作用，因此是与斗争交织在一起的：语言是一种不同社会群体依据自己与他人的关系来表现他们的意识形态价值，以及肯定他们的文化、政治和社会期望的方式。正如索绪尔所说，语言的历史发展不是一个和谐的演进过程。语言的基本单位，即言语，是在社会互动的人际关系中产生、发展和灭亡的，社会互动的形式与特征赋予言语以意义。词语是一个社会事件，是言说者和倾听者的共同表述与产品。语言交换从来就不是同质的或者随意的，而是按照等级秩序组织起来的，因此，所有的言语都引起一个人的自我世界与他者世界的"紧密互动和斗争"，引发一个相互对抗和激励的过程。因此，言语不是简单的个人表达工具，而是多声部、多音调的，且总是要在开放的和流动性的互动中考虑到他人的声音。所以，话语总是被客观地从语境上理解为各种对立声音的战场（Bakthin and rolosinor, 1973, p.17)。

巴赫金的对话理论就这样围绕着他性（alterity）观念而建立起

第七章
对话原则和文化形式

来，社会自我的自主性和个体特性通过开放式的对话且在与他人的必要关系中自然形成。自我的社会生产关乎行动和"展现"，个体特性是开放性实践的产物。如巴赫金所说，自我是"他人的礼物"，即作为创造性实践在话语中并通过话语而构成。通过对话，个体获得知识、理解和意识，这是因为言语从来就不属于个体而总是卷入与他者的积极关系之中。

正如我们已经看到的，巴赫金拒绝了索绪尔对积极言说与消极倾听的区分，认为"只是进行消极理解的倾听者并不符合言语交往中的真正参与模式"（Bakhtin，1986，pp. 69-70）。语言通过言语和言说者之间的日常对话性互动而活着，"话语趋向言说对象及言说对象的社会特征"（Bakthin and rolosinor，1973，p. 101）。

巴赫金把这些语言和话语思想运用到他于20世纪30年代所写的论文中，这些论文探讨了欧洲文化与语言及其具体审美形式尤其是小说的复杂关系。这些论文勾勒出的话语理论（英文版本叫作对话想象）强烈反对实证主义，巴赫金赞同马克斯·韦伯对人文科学与自然科学方法论和认识论的区分，认为只有人文科学承认话语具有成为一门科目的基础。适合自然科学的方法论针对的是物质对象，排除了参与、传递和解释他人话语的问题。巴赫金与韦伯一样，都强调理解是文化社会学的基石。巴赫金对理解的想法是，不仅要从语境上考虑他人行动，而且要从语境上把他人视为一个回应的、自足的行动者，他的行为来自对话互动的过程。语言是一种社会凝聚力，把个体结合到各自的社会群体中，是"活的话语"，被认为至少有两个言说主体总是在对话。所有话语——谈话、宗教和政治——都假设在社会地构成的个体之间存在一种交往关系。而话语的多样性和不同话语层次则并存于民族语言和文化之中，它们不是作为孤立的声音摊开在判然有别而又相互隔离的文化飞地上，而是作为共同体相互倾听和言说着。巴赫金称之为"众声喧哗"，也就是日常语言的多样性（"异声齐发"就是个体声音的多样性），他的要点是语言只有通过这种内在的多元性才能保持活力,充满生机,不断发展。

他描述了一场发生在众声喧哗的多种力量(离心的)与那种中心化和统一化(向心的)的语言力量之间的较量。在这场较量中,后者试图建立权威的美学和意识形态规范,从而创立一种普遍的语言和主导的文化中心。这种统一性的语言——

> 构成了语言统一和中心化的历史过程的理论表述……构成了克服语言的众声喧哗的征服力量,构成了统一和集中言语—意识形态思想的力量……这种统一性的语言在与社会政治和文化集中化的血肉联系中得以发展。

巴赫金强调这种向心力并不能总是占据主导地位,以致能够把众声喧哗的现实清除殆尽。在所有文化中,新兴的、分化的社会群体都"在与其他社会群体的紧密而必要的互动"中崛起,并且与其他丰富多样的语言文化对峙,随着单一的统一性语言的目标为"去中心"的言语—意识形态世界所取代,民族文化就不再封闭和死气沉沉了。

巴赫金大笔勾勒出这一过程,不啻一部浓缩的历史社会学。对于其中大部分内容,他作了宽泛的概括:

> 与向心力并行,语言离心力也在发挥着它们从未间断的作用;在言语—意识形态中心化和统一化的另一侧,则是从未间断的去中心化和去统一化过程的一往直前。(Bakhtin, 1981, pp. 271-272)

在这个一般性的框架里,巴赫金区分出两种文化形式:统治社会群体的官方文化——等级森严的、封闭的和独白式的;"人民"的非官方文化——基于语言的众声喧哗和日常世界的现实,是真正人性化的、开放的和不断跃出它自身边界的。大众文化和官方文化彼此间总是斗争得不亦乐乎,因为后者总企图将规范加于社会全体,特别是在宗教、法律和文学文本中。通过将规范和经典凌驾在生活

第七章
对话原则和文化形式

之上,官方文化就逐渐成了"死的和完结式的因素"。文化机器(政治、宗教、文学和法律)出现了,并自上而下地传播主导文化,这样就把其他不同的话语形式边缘化和封闭起来了。在对陀思妥耶夫斯基和拉伯雷的实际研究中,巴赫金试图在所谓欧洲文化的高级类型的起源中追溯大众文化众声喧哗的影响。巴赫金特别关注这一过程中的狂欢因素,也就是非官方文化转到前台,"低级文化进逼高级文化"的途径。

非官方文化:狂欢式概念

作为文化延续过程中的古老元素,狂欢起源于前工业时期的民间文化。尽管其形式随着历史的变化而变化,但它在人类文化中却构成了长期存在的普遍性因素。在与官方文化的独白性传统及其教会和政治崇拜乃至庆典的富丽堂皇的对峙之中,狂欢式体现了另一种现实:

> 一个充满幽默形式和展示幽默的无限世界,反对封建文化的官腔的和严肃的声调,不管它们有何差异——即狂欢式的民间节庆、喜剧仪式和流派、小丑与傻瓜、巨人、矮人和耍把戏者、庞大复杂的讽刺文学——所有这些都属于具有民间狂欢气息的文化。(Bakhtin,1968,p.4)

狂欢式的作用是将人性从既存的秩序中解放出来,体现出"悬置所有的等级、特权、规范和禁忌……憎恶一切不朽的和终结的东西"。非官方文化强调人类关系的平等,认为人性充满活力而不是僵化的。民间大笑是全民的大笑,同时又是嘲讽的、得意洋洋的、贬斥的、肯定的、否定的、埋葬的和再生性的。作为狂欢大众的一部分,个人意识到自己是"不断增长和再生的人民中的一员",在这样

127

的人民当中，民间大笑表现为"对超自然法规……神圣的……死亡的胜利"，对一切压迫和限制性的东西的胜利。

狂欢构成了一种集体性的社会制度，产生了一种特殊的文学形式——狂欢式，表现为拉伯雷小说《巨人传》(Gargantua and Pantagruel)中那些随处可见的大众形象。巴赫金把这种形式称为"怪诞现实主义"，因为它迷醉于人的身体的物质现实，热衷于饮食、交媾和排泄。这种怪诞形象"忽视身体的封闭的、光滑的和不可渗透的表面，只保留它的赘疣（嫩芽、花蕾）和孔洞，只保留那些可以引领跨越身体的有限空间或进入身体深处的因素"。在他的《拉伯雷和他的世界》(Rabelais and his World)中，巴赫金称，像薄伽丘(Boccaccio)、塞万提斯(Cerwantes)、莎士比亚(Shakespeare)和拉伯雷之类的作家都从民间文化的深处历史地发展了一种艺术技巧和景观，这种技巧"在几百年的发展中，维护着人民在非官方形式和语言表述场景中的创造性"。巴赫金详尽地展现了狂欢的背景转化为怪诞现实主义的前景的方式：

> 由于这一过程，大众的节庆形象成为把握现实的一个有力工具。它们为真正的、深刻的现实主义提供了基础，大众形象没有反映自然的、流动的、无意义的和分散的现实方面，而是反映了成就它的意义和方向的这一过程。（Bakhtin, 1968, p. 72）

狂欢式实际上是关于绝对平等和自由的乌托邦主义，它悬置一切社会等级和差别，这时乌托邦真理也成了"一种真实的现世力量"。在巴赫金的阐述里，当狂欢形式颠覆和突破官方文化的象征秩序，象征的和社会的东西就被颠覆了。政治秩序的传统象征范畴被颠覆了，例如，身体的怪诞形象替代了更庄严的观念。狂欢中引人注目的不是个人命运，而集体的笑话、下流动作、粗俗的亲热、缺乏严肃性和不顾一切的嘲弄则形成了狂欢的主要哲学。狂欢的仪式

第七章
对话原则和文化形式

和形象与得意洋洋的胜利和肆无忌惮的嘲讽联结在一起。结果是深刻的双重意义的景观。因为没有一种狂欢式的力量是完成式的和终结性的;没有真正意义上的稳定和谐的世界,只有从一种状态向另一种状态转变的运动。作为狂欢矛盾性的典型,"面具"表达了所有关于认同的神秘之处:

> (面具)连接着变化和转世的欢乐,兴高采烈的相对性和对统一性、同一性的快乐的否定;它拒绝了对自我的顺从。面具是与过渡、变形、打破自然的界限连在一起的。(Bakhtin, 1968, pp. 39 - 40)

贯穿于他对拉伯雷小说的详细分析,巴赫金强调狂欢形象不是对转瞬即逝的、碎片化的和没有意义的现实的直接反映,而是体现了富于人类意义、普世性、乐观情绪和趋向的复杂的变化过程。狂欢式沟通了"一种深沉的历史感受和对现实深刻的理解"(Bakhtin, 1968, p. 208)。这类形式欢迎开放性和自我再生的能力,将个人从形形色色的教条和狂热中解放出来。正如他在研究陀思妥耶夫斯基的书中所说的,狂欢化"使得大型对话的开放结构成为可能,允许人民之间的社会互动得以开展并进入更高的精神和知识领域"。对世界狂欢式的感受在对话观念中得到表述,没有他人的意识,任何人都是无所作为的,"单单在他自己身上永远也不能找到完美的结局"(Bakhtin, 1984, p. 177)。

然而,狂欢的对话、乌托邦和解放的性质却受到了广泛的批评,巴赫金受到指责是因为他过度的理想主义和对历史的不确切性。狂欢文化远比巴赫金模式所表明的具有更多的双重性:族群、宗教少数派别和妇女经常遭受到丑化和歧视,狂欢不是颠覆官方权威,而是得到社会统治阶级的准许和鼓励,在被控制的反抗机制里加强既存的社会等级制。得到官方批准的17世纪的荷兰狂欢节就避免了对加尔文主义的资产阶级文化的批评;英国的狂欢节尽管颠覆了社会关系，但实际上却通过对国王和王后的仪式性的加冕再度肯定了君主的权威。狂欢节也是暴力充斥的社会冲突，甚至是大屠杀的渊薮；还可以充当经济发展的工具，用来吸引外来商人和搞活本地市场。但是，这些批评主要关注狂欢节起源于中世纪文化（巴赫金的历史模式）后的历史演变，以及它与现代经济及政治制度的关联。巴赫金指出，经过资本主义和官僚机构的发展以及日益增长的文化理性化，狂欢失去了它创造性的、颠覆性的以及乌托邦的动力，它的形式变得贫乏、狭隘并沦为仪式模式和大众娱乐，如宫廷假面舞会、沙龙以及以英国海滨集市为典范的繁荣景象。

虽然狂欢的历史理性化越来越将其与公众生活隔绝开来，这是巴赫金狂欢式概念最令人称奇和体现原创性的地方，但斯图亚特·霍尔（Stuart Hall）称："这不是一个单纯的关于颠倒的隐喻，即把低级的放到高级的位置上，同时保持两者之间对立的二元结构，因为低级的侵入了高级的领域，混淆了秩序的等级规定，这创造的不仅是一种美学对于另一种美学的胜利，而且还有那些怪诞的和杂交而成的形式。"文化是不可分割的、混杂且充满矛盾的，"文化形式、象征、语言和意义的相互转换性挑战所有文化封闭的等级制原则"（Hall，1996，pp. 291 - 292）。尽管沦为了徒具形式的仪式，但狂欢在现代欧洲文化中仍然葆有活力。梅纳德·所罗门（Maynard Solomon）经整理发现莫扎特对狂欢的激情，以及狂欢在他的生活和音乐中的作用。嘲弄、讥讽、滑稽模仿、沉溺于有关性的文字游戏之中以及双关语，在莫扎特的"下流之谜"中都表现得十分充分。莫扎特热衷于下流的和粗俗的肉体快乐。"莫扎特的低俗是狂欢式去神圣化的一种策略，是对霸权、等级、权力和虚荣的贬低的幽默，也是对理性、雅致和秩序的嘲讽。"（Solomon，1995，p. 359）

虽然狂欢节衰微了，但是狂欢式还继续存在。巴赫金表明，尽管起源于大众文化及其类型，但狂欢式和对话已经进入了文化的各种类型，特别是小说中；尽管对于日常文化生活来说意义越来越小，

第七章
对话原则和文化形式

但狂欢式却成了美学形式中有力的结构原则。的确,小说是巴赫金文化理论的重心所在。

对话原则、禁闭和历史语境:小说案例

作为现代社会最重要的文学类型,小说既属于历史语境,也属于普遍的文化潮流,它的许多形式及语言都与民间的非官方文化的发展演进息息相关。语言为小说的发展奠定了基础,巴赫金对小说的理论探讨不是因为它反映社会的可能方式,而是因为它在文化的众声喧哗中的积极的构型能力。

巴赫金小说理论有两个要点:

(1) 小说与日常语言和话语的关系(即与众声喧哗和异声齐发的关系)。它的许多形式由开放的对话或封闭的独白构成——即声音的多样性是指小说复调形式的构成元素这一问题。

(2) 小说与文化的更深层潮流的关系,以及与大众传统中饱含意义的现有形式的关系。

巴赫金把小说视为能够把握文化生活基本原则的唯一文体,包括文化生活的充满活力的、不断展开的性质,以及他称之为"未完成式存在"的自发性。在巴赫金文化社会学核心位置上的是去中心的社会历史的思想,这个世界是未完成的、流动的和发展的,其中没有单一的囊括一切的意义,而有意义的丰富多样性,正如语言和声音的丰富多样性一样。

相反,史诗描写的是一个完成式的而不是永远开放的现实。在该现实里,人物性格已经定型,他们的价值和行动整个地受制于有界限的、完成式的和受到当下的静止观念控制的社会世界。与史诗不同,小说没有统一的世界观,相反,它尽力张扬语言固有的众声喧哗和当下即历史的感觉。小说家被一切未完成的事情所吸引,小

说话语描绘现在就像描绘没有开头结尾的生活。史诗的不确定性寻求"完成式结构",社会历史世界在其中得以完整地呈现。史诗话语没有提供瞥见未来的缝隙,因为进一步的发展是不可能的。相反,小说话语却与发展中的历史现实直接相联。作为一种"永远追问"的文体,小说不断发展且充满活力,从根本上就不是墨守成规的。小说存在于其他文类与自己的边界上(小说不像其他文体,它会吸收其他形式),有自己的文化。例如,拉伯雷的小说就吸收了狂欢的民间节庆的形式、日常话语和讽刺文学体裁。小说与历史现实内在固有的潜力建立了紧密的联系,绝不封闭在自身形式或具体的语境里。

与传统的小说社会学——如卢卡奇的《欧洲现实主义研究》(Studies of European Realism)和伊恩·瓦特的《小说的兴起》(The Rise of the Novel)——不同,巴赫金抛弃了那种对应论,即断言在小说的兴起和资产阶级社会之间存在因果关系,包括新的经济形式和阶级、一个特殊的中产阶级读者群、流动的图书馆和印刷技术的进步。对于巴赫金来说,小说是与稳固的语言和意识形态中心的解体连在一起的,这是一个急速变化的时代,旧的、统一的社会开始瓦解——他引证文艺复兴作为范例——现代性的离心力削弱了中心化的权威。小说表现和复制了语言的多姿多彩,这来自不同话语和文化之间进行的相互对话式互动。相反,史诗再造了民族英雄时代的神圣传统。小说热烈欢迎多样性和多元性,并挑战一切固定边界之类的观念(Bakhtin,1981,pp. 21-31)。

尽管巴赫金的小说理论有时接近卢卡奇的马克思主义分析——小说作为历史现实和现代资产阶级社会的生动戏剧化产物,再现了社会阶级、群体和个体在主观、客观上的斗争(卢卡奇强调性格的内在属性,包括自由、自足和可能的行动源泉)——但他抛弃了卢卡奇的黑格尔式的小说史阅读,即把小说当作现代资产阶级世界的史诗,试图在一个理念世界里将个人统合起来。卢卡奇的文化马克

第七章
对话原则和文化形式

思主义建立在基本的二元论上，一边是由于劳动分工而已经变得非人性和碎片化的现代社会，另一边是已经消失的、严格统一的、前现代的理想社会。巴赫金拒绝这种非历史的本质论与乌托邦和目的论的阐释，因为其将小说的历史命运和一个社会阶级或文化的历史命运联在一起。

巴赫金小说理论最有特色的地方是对小说内在的、具体的形式特征的关注，这些特征有着自己的自主性和现实。因此他强调"小说性"概念，即小说为了获取再现当前现实的方法而吸收其他所有文体的反类别（anti-generic）倾向。他辨别出小说的两种传统的形式：对话的复调型与封闭的独白型。对话在欧洲文化中形成了一个不同凡响的新文体，与其他文体和文本保持着动态的关系，破坏和颠覆了官方文化的规范和经典。早期的文体如史诗、悲剧和抒情诗都没有处理好日常生活中的对话；与这些体裁不同，只有小说吸收和组织起诸如时间和空间这些元素来创造人性形象，且与官方文化格格不入。时间和空间的组织方式被巴赫金称为"时空体"。他举例说，公共广场可以构成文学的一种"高级"范畴、一种"国家机器"，作用是显示政府对于市民的权威；而在更通俗的小说里，公共广场就成了普通民众的活动空间，包括了集市、酒馆和狂欢场所。在巴尔扎克的小说里，时空的组织是用于瓦解官方文化的，沙龙和亭子被描写成了经济阴谋和腐败的策源地及高级政治和高级商贸的结合点。在这种时空体中，巴尔扎克表述了新兴的七月王朝的社会关系（Bakhtin, p. 132, pp. 246-247）。

官方文化具有把伟大的艺术作品封锁在它自己的时代里的效果，切断了艺术作品与开放性的历史潮流的联系。在巴赫金看来，伟大的艺术作品既活在现在，也活在未来，它能够突破自己时代的界限，从而在其他世纪里比在自己的世纪里活得更充实也更丰富。这就是封锁的问题，是把文化理解为有限的、自足的世界的问题。时空体表明一种充满活力的、不断展开的历史感，既不会在作品自己的时代（创作的时间）也不会在后来的时代中被封锁；作为颠覆性的和激进的元素，它在不同的社会、公众和文化中都可以被通过不同方式接受。

对巴赫金而言，文化是通过人类的行动创造出来的，在这里，对话瓦解了边界意识。例如，言语存在于言说者之间的边界上，存在于已说与未说的话的边界上，所以言语总是对先于它所说的言语的回应（Holquist，1990，pp. 60 - 61）。文化厌恶边界，它不能由停滞的、物化的、完成式的元素铸成。巴赫金的小说分析侧重的就是文化的开放的和不可穷尽的对话潜能。因此，这不是经由阶级和经济力量的短路效应而把小说与一个独特的场域连接起来的问题。就像布迪厄那样，巴赫金拒绝社会起源和传记式的外部方法，因为该方法不能把握文化"创造活动得以在其中完成的、具体的社会空间的本质、起源和结构"（Bourdieu，1993a，pp. 142 - 143；1996，p. 83）。布迪厄则走得更远些，他分析文化场域的制度特征，即生产者的空间，强调出版社、文学评论和期刊作为体现官方文化的现有类型所发挥的等级制的作用。布迪厄的分析中存在两个同质性结构，即作品本身（文体和主题）与作为力量场的文学场域，以及志在改变既有力量关系的斗争，它通过一场叛变反抗文化建制及其典范类型。

场域的自主性（连同它内部的特殊法则和不同位置间的力量关系）与对外部历史的逐渐摆脱，表明文化的发展是源自场域本身的内在因素。布迪厄把文化观念及其产品坚决地封闭在明确的界限里。他维护文化实现自主化的过程，认为这种方式把美学作品与社会联系起来，同时又避免了短路效应。但是，这种方法的结果是将艺术作品与广泛的历史文化割裂开来——不仅割裂了与"伟大时代"的联系，也割裂了与历史语境下的接受观念的联系。布迪厄从市场观点来思考文化创造，市场在经济和文化资本的起源、数量和分配中总是起着决定性的作用。这样，文化场域就不是苍白的背景和氛围，而是一种遵循与资本特殊形式相关的具体法则的结构。在对19世纪

第七章
对话原则和文化形式

中叶的法国文学场域的分析里,布迪厄描述了福楼拜在这一场域发展中所起的重要作用。福楼拜的文化资本允许他位居场域两个主导极点的中间地带,也就是在社会现实主义和为艺术而艺术之间创造了一种新型的小说和文学。福楼拜就这样颠覆了市场运作的基本经济规律,围绕着无功利性和艺术价值创立了一个新的普世性信仰。布迪厄实际上是把他的文化场域概念变得狭隘和贫乏了,即将其简化为要么是对市场经济力量(如商业化的艺术和文学)的积极反应,要么是由于拥有文化资本而作出的否定回应。

巴赫金的对话原则摆脱了这种简化论。我已经说明,布迪厄的文化社会学具有巨大的潜在价值,不要因为它的功能主义和/或结构主义残留就对它不予理睬。例如,他的习性概念将主观结构和客观结构并举:主观的行动者或自我具有自己的性情,性情在场域的客观框架里体现出来并产生新的位置和关系。例如,福楼拜创造了新的文学、新的作者概念和新的小说类型,并通过他的习性产生了新的激进的位置。主客观关系成功地改变了场域中各种位置之间的关系。正如我在前面提到的,布迪厄的"行动者"或"自我"的概念是有问题的,缺乏对话必需的反思性。布迪厄的文化生产模式对行动者的自主性总是不利的,它极大地限制了自我意识的程度、与他人的关系和批评意识。这里遗失的是理解方式,即行动者如何把握他或她在与自我和他人的关系中的认同感?理解意味着行动者要跳出事件之外并立定脚跟,对在各种事件中自己及他人的意义和可能性进行反思。对于布迪厄来说,他者似乎在自我的建构中不起什么作用,一切都来自习性内部及其与场域的关系。自我、他人和场域之间没有对话性的互动,他人只不过占据一个特殊位置以阻挠自我性情的成功实现。

场域的建筑术也有问题:没有建构性的和反思性的心灵的积极介入,怎么可能建立起场域呢?要成为场域的一部分,就必须保证将场域中的全体和自我所占据的位置理解为一个未完成的、处于发展阶段的计划或者事件,同时又要意识到从外面看来,整个场域结构存在于具体的时空之中，是固定的和完成式的。正是建筑术的活动使得自我能够全面把握场域，但是，布迪厄的文化场域仅仅作为一个充分物化的形式而存在，并存在于严格划定的界限里。相反，巴赫金设想的由边界定义的文化则没有独立的内在地界和主导性的声音，文化场域通过各种行动者林林总总的声音和意义之间的互动而存在。

对话原则呈现了一种通向场域概念的全新的角度，这个角度强调内部未完成的与外部已完成的特性之间的相互作用，这是任何充分的文化分析都必不可少的双向运动。局限在布迪厄的方式里（就像结构主义和实证主义社会学那样）则最终会导致对话的终止，文化概念因此被迫变得狭隘和贫乏。文化的特征是具有一种历史的逻辑，这种历史的逻辑对布迪厄的文化竞争的逻辑毫无兴趣，因为新的文化形式是从大众文化的底层生发出来的，并经过伟大的时代和漫长的时间得到转变，在过去、现在之间的持续不断的对话中得到更新和重新阐释。现代文化或社会都不能离开自己的过去而存活。这就像马克思、葛兰西、帕森斯和巴赫金已经声明的那样，文化从来就不仅仅是它自身的具体语境的产物。就像巴赫金在他生命的尽头所说：

> 既没有一个最早的也没有一个最后的词语，对话语境是没有限制的（它伸展到无尽的过去和无尽的将来）。甚至产生于过去对话中的过去的意义也绝不是静止的（完成式的、一劳永逸地终结的）——在其后的对话未来的发展过程中，它们将总是在变化（被更新）。(Bakhtin, 1986, p. 170)

巴赫金的狂欢式和文化杂交的基本概念在多元声音和多重意义中保持着活力，他对独白型文化和主导意义的批评清楚地表明了一种现代性理论。类似地，布迪厄的场域自主概念也发展了韦伯的作为一种现代性理论的具体的合理性主题。下一章将要探讨当代对现代性概念和理论的关注给文化理论提出的问题。

第八章
现代性与文化

什么是现代性？

在前面的章节里，我勾勒了马克思主义和社会学的文化概念的发展历程，且尤其注意了葛兰西和韦伯的贡献以及他们对还原论的批评，还有对人类行为和目的的重视。经研究发现，文化是一个人类价值、行动和结构的独立自主的王国，紧密对应于高度发展的工业资本主义的兴起，这种资本主义具有强大的现代化力量并产生了一个流动和多元的社会结构、新的社会阶级和社会阶层、新的职业、新的产业和服务，以及日益集中在蓬勃发展的城市中心的人口。在19世纪的下半叶，各种艺术也被现代化了：美术、文学、音乐（还有哲学和心理学）在新的叙事模式和时间概念（如意识流小说）的发展中得到转变；绘画和音乐摆脱传统的模仿形式，以没有明显中心的方式构想飞逝的和流动的现实〔印象派绘画，德彪西（Debussy）、勋伯格、韦伯恩（Webern）和贝尔格（Berg）的音乐〕；而斯特林伯格（Strinberg）和韦德金（Wedekind）的表现主义戏剧则抛弃了所有稳定和统一的自我。

艺术的现代主义运动证实了审美领域发生的广泛变化，即为了表现现代社会的"新"而寻找新的语言和新的形式。然而，认为现代主义是一场统一的运动是错误的；没有单一的现代主义，而是有许多种现代主义,其中有的对现代性怀抱敌意,而有的则热情地拥抱着"新"的一切。例如,绘画中的超现实主义把现代性等同于科学理性主义、实证主义、功利主义和对非人的机器文化的肯定;而意大利的未来主义者却陶醉于新的技术,陶醉于世界的雄伟壮丽,陶醉于"力的美"和"武器撼动夜晚的热情,闪耀着电力月亮的强光的船坞……"(Marinetti,1996)。现代主义建筑家莱克尔布泽(Le Corbusier)和鲍豪斯(Bauhaus)沉迷于科学精神;英国文学的现代主义[康拉德(Conrad)、詹姆斯(James)、叶芝(Yeats)和艾略特]则远离这个新的世界,并通过诗意的语言和复杂的美学形式将自己提升到大众商业文化的日常世界之上,它自我标榜为独立自主,批评报刊、杂志、流行小说和音乐演出中的新的文化消费主义。这种"美学之新"对抗着"批量生产之新",作为一个超然远离现代大众社会的、迥异的独立王国而自视甚高。

因此,现代主义就是正在进行现代化的社会的美学逻辑,是建立在分化和自主原则之上的美学运动。现代主义艺术形式是反模仿和反再现的,它创造而不是反映现实,并且与现代文化进行反思性的批评对话。同样,现代性也建构了一个以城市为基础的工业资本主义的文化逻辑,高度分化的结构——政治、经济和文化的结构——日益脱离集中化的制度,这个过程的典型是葛兰西的市民社会概念和法兰克福学派的公共领域概念。正如库马尔(Kumar)指出的,现代性不仅仅是关于思想观念的,还包含知识、政治和社会形式,这些与资本现代化、工业技术以及经济生活历史地联接在一起——"经济发展加速进行,呈现出革命的面貌"(Kumar,1995,p.82)。但是,作为文化分化的过程,现代性历史地扎根于资本主义的动力之中,所以一定不能把它与正在实现现代化的经济基础混为一谈。

正如第二章中所说的,马克斯·韦伯是第一个比较准确地使用"现代性"这一术语的社会学家。但到了19世纪末,这个术语开始

第八章
现代性与文化

盛行,被广泛地用于社会学、哲学、文学批评和小说等领域。该术语的历史起源被广泛讨论,许多学者将它的起源追溯到了中世纪的"modernitus"(现代时间)和"modernity"(现代人)的概念[语文学家埃·奥尔巴赫(E. Auerbach)发现在拉丁语中该词有十四种意义],追溯到了7世纪著名的"古今之争",更准确地说是追溯到了文艺复兴时期对时间的发现及其对古代、中世纪和现代历史时期的划分。到18世纪末,社会概念已经深深地植入历史时间感中,人们按照不同的进化阶段[亚当·斯密(Adam Smith)和亚当·福格森(Adam Ferguson)的经济、康德和孔多塞(Condorcet)的哲学文化]的生气勃勃的展开过程来构想社会的发展。现代性的当代意义就这样与启蒙主义理性相互交织在一起,信仰进步、经验科学和实证主义。现代性意指一种创新的文化,一种以批判思想、经验知识和人道主义挑战传统和仪式的理性精神。

从历史上讲,现代性概念属于一次与历史上曾出现过的情景相类似的重心转移,雷蒙·威廉姆斯此前就注意到,在18世纪末,作为变化着的文化范式的一部分,全套的新兴词语涌现出来,试图表达新的经验模式和社会关系:

> 文化的发展也许是提到的这些词语中最令人惊异的。的确,应该说集中在文化这个词的意义上的问题,实际上都是由工业、民主和阶级的巨大历史变化如何以它们自己的方式呈现所直接引起的,艺术的变化就是对此作出的直接的回应。(Williams, 1961, p. 16)

现代性有类似的冲击力,并改变了19世纪的核心词语的含义——文化、艺术和民主。别的概念出现了,包括异化、反常和盟主权,所有这些都反映了感受文化和理解文化的方式上的变化。在许多方面,现代性是这些概念中意蕴最为丰富的,它覆盖了可能含有的范围宽广的意义,到了19世纪末已经被普遍使用。例如,小说家认为他们的读者熟悉现代性思想。在小说《德拉库拉》(*Dracula*)

里，布拉姆·斯道克（Bram Stoker）通过英国律师乔纳森·哈克（Jonathan Harker）说的话，描述了德拉库拉公爵的阴险嘴脸，当他离开自己的城堡并融进夜色里，作者这样描写："眼下的19世纪挟带着报复。然而，除非我的感觉欺骗我，古老的年代过去有，且现在仍然有它们自己的强大的力量，这是区区'现代性'所不能扼杀的。"（Keating，1989，p. 350）

斯道克的哥特式的想象力重新引发了古代和现代的对立，而别的艺术家，特别是瓦格纳，却在他的歌剧《尼伯龙根的指环》（*The Ring of the Nibelung*）里将古代和现代这两种元素融为一个活力四射的艺术整体。阿多诺和本雅明都注意到古代元素在现代性思想中的作用。本雅明将豪斯曼（Haussmann）重构的巴黎的"梦幻般的"雄伟的风景画，以及它的彩色拱廊和巨大的地下墓穴，与古希腊的纪念碑和废墟作了直接的对比：在大都市和拱廊构成的大大小小的迷宫里，建筑体现了"现代性的潜在神话学"（Frisby，1985，p. 234）。尼采（Nietzsche）提供了多少有些不同的东西，他的写作充满了现代性的问题。例如，在他与作曲家闹翻之后打的笔仗中，尼采将瓦格纳描绘为一个腐朽的、绝望的颓废者，他的现代性将"野蛮的"、"矫揉造作的"和"白痴的"各种元素诱人地混合起来。瓦格纳的音乐刺激着"疲倦的神经"，他是"催眠术的大师"。瓦格纳的美学"现代性"是"颓废文化"的表述，这种文化被新兴的、没有受过教育和没有文化的大众所主宰，对于他们来说，"本真的"文化是多余和谎言。在尼采看来，瓦格纳的作品鼓吹大众反对"纯正的趣味"（Nietzsche，1967，pp. 179-183）。通过瓦格纳的音乐和戏剧，现代性找到了它最惬意的形式，"既不掩藏善，也不掩藏恶"（Nietzsche，1967，p. 156）。

在他的作品里，尼采综合了两种区别明显的现代性意义。首先，现代性是现代大众民主的体验，在这种体验里，所有的历史力量都来自文化；其次，现代性是启蒙乌托邦的终结，是不可避免的对进

第八章
现代性与文化

步和科学理性的信念的终结。现代性是历史悲观主义和相对主义，在其中，理性成了"神话"，文化堕落为新的奴役的枷锁。现代性作为民主的庸俗化和非人性管理的铁笼，明显是韦伯和法兰克福文化理论中占据主要位置的主题。

在检视这些现代性的不同概念和理论之前，我要举出现代性的三个相互区别又有所重叠的意义，以及它涉及的文化社会学的问题：

（1）作为一个文学—美学的概念，现代性是在指涉性话语中得到结构的，它的对象是现代社会新的、流动的、不断变化的和充满活力的特性。在此意义上，现代性否定整体概念，它的分析集中于现实的碎片化的和易逝的性质，集中于微观宇宙和微观逻辑。

（2）作为一个社会—历史的范畴，现代性是与启蒙运动的科学"计划"和人类进步密切相关的，其中逐渐增长的知识和文化自主性形成了变化的基础。这个由马克斯·韦伯最早提出的现代性概念包含了黑暗的一面，就是这种自主性（在场域或领域中）的增长必然会导致专家文化和专门知识这种文化与知识作为启蒙理性和科学的产物威胁着自主性原则，最终则是形式理性大获全胜。

（3）作为一个结构性概念，现代性对应的是整体社会、意识形态、社会结构和文化的转型。现代性证实了科学理性揭穿非理性力量并为必要的社会变迁指明道路的诺言。现代性包含历史知觉，一种对历史延续和过去活跃于现在的方式的意识。这种现代性强调的是行动者及其行动创造了历史和社会变化。这个过程要得以实现，只能通过现代性的具体的主观特性——日益增长的目的性、有意识的集体行为和关系到可能的多重选择时进行"反思性监控"的能力（Giddens，1987，p.223）。

本章依据前面几章所进行的文化讨论考察现代性的这些不同概念。从马克思到葛兰西、韦伯、西美尔和法兰克福学派，现代性问题渗透了所有文化理论议题。不仅如此，当今社会和文化理论的一大争论就是关于现代性与后现代性的关系的，提出了后现代性在何种程度上体现了现代文化发展的一个决定性的新阶段这一问题。

现代性1：从波德莱尔到福柯

法国诗人和批评家波德莱尔是第一个比较准确地给出"现代性"的定义的人。他在1863年说："现代性是那些转瞬即逝的和偶然的东西；它的一半是艺术，另一半是永恒的和万古不变的。"谈到当代的法国绘画，波德莱尔将现存的、沿袭了古典形式的老艺术与直接表现现代体验和极端形式、提取日常生活的诗意和史诗特性的新艺术进行了对比。现代体验的日常现实不借助于古典形式也能够展现它的英雄气质。尽管当代艺术也追求永恒之美的理想，但却是在当下的相对性中追求。波德莱尔把现代性描绘为现代城市生活的碎片性的异化体验，他称之为"当下的新"以及"稍纵即逝的时刻"，它们透露出某些现代画家和诗人所捕获的永恒。

现代性起源于现代城市生活，波德莱尔把它与其他许多概念诸如"幻觉效应"、"稍纵即逝的时刻"、"快照"和"契合"等联系起来讨论。这些概念都表现了时尚、艺术和建筑的新形式与新体验、新情感和新思想的关系。他感兴趣的是"flaneur"这种人，也就是花花公子。这种人是各种新文化如"焦虑的"、"党派的"和进取的文化的体现，是历史转型时期的局外人的体现，这时候，"民主尚未有席卷之势，贵族仅仅是部分地衰落和失去信任"（Baudelaire, 1972, pp. 399–412）。花花公子的领地是乌合之众：

> 他的激情和职业就是与乌合之众融为一体。对于十足的游手好闲者和充满激情的观察者来说，在熙熙攘攘的人群中，在人潮涌动、闹嚷嚷的街头，在飞逝和无限的时间中占有一席之地真是洪福齐天。（Baudelaire, 1972, pp. 399–412）

第八章
现代性与文化

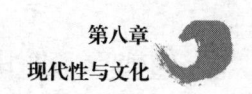

那么花花公子的作用是什么呢？就是去追寻被称为现代性的"不可名状的东西"，"从时尚中抽取栖居在历史外壳上的诗意，从瞬间萃取永恒"（Baudelaire，1972，pp.399-421）。这样，尽管在现代生活的画家摆脱了过去，为了鸡零狗碎和转瞬即逝的东西而抛弃了传统，但是，他或她还是要寻求隐藏在日常生活混乱和印象式的表皮之下的真理。

波德莱尔的现代性是对高速工业化时期资本主义城市崛起的主观回应——这种城市带着"永恒的魅力"和"令人难以忘怀的和谐生活氛围"，各种各样的人群和运动汇成了"光怪陆离的现代生活"——也是对这种越来越加剧的文化商业化的客观评价。现代性标志着作为理想价值的文化与城市大众文化的分裂，这种大众文化与资本市场和独立艺术的衰落紧密相关。在作家当中，波德莱尔较早地意识到，最终会走向现代主义的艺术自主性的实现过程经常受到现代资本社会及其批量生产的商品文化的威胁，因此他支持先锋派及其对"新"的追求。但是波德莱尔的现代性是静止的和非历史的，是一个没有历史时间的概念。现代性构成与过去的断裂而不是延续，即所有的时代都有自己的现代性，每一个时代都试图表现新的东西。

附录：现代性作为当下的"新"——福柯评波德莱尔

波德莱尔的现代性将现代城市生活的特色铸成了一种新的美学，这个概念对应于经验和感受的新模式。现代性没有目的论的意味，不呈现人类努力实现的理想，没有什么目标和目的。在这个意义上，波德莱尔的现代性是反启蒙的，是信奉必然的历史进步和理性自足的哲学的对立面。这样，福柯拾起波德莱尔的现代性，将其作为批判武器来反对启蒙思想的遗产（特别是哈贝马斯、法兰克福学派和所有的历史学家以及持总体论的马克思主义)。

应当看到，福柯对现代性观念是表示怀疑的，他没有提出现代性概念于其中起着重要作用的社会理论。他的阐述采用了对康德论著的重要意义进行深思的形式。康德的论文是《什么是启蒙?》(What is Enlightenment?)，这是哈贝马斯分析现代性的起点。福柯追随波德莱尔，把现代性首先规定为——

> 一种关于当代生活的模式；是由某些人做出的自愿选择；最后，是一种思考的方式、情感的方式，也是行动和表现的方式，同时标志着从属关系和把自己当作一项任务来呈现。(Foucault，1986，p.39)

相比把现代性当作一个划时代的概念或者启蒙运动的结果，福柯更主张应该按照康德的术语来思考现代性，即指一个没有未来目的和不可能过渡到新社会的"当下"。现代性更是一种把握当下的方式，不诉诸铭刻在如总体性之类概念中的那种超验原则。福柯重新思考了波德莱尔的概念，把现代性规定为一种"使当下具有英雄气概的意志"，把握当下的"崇高价值"并对其进行升华。现代性不是静止的，而是在不断地界定和更新自己。它不是作为流逝或过往的时刻的一部分，而是通过个体的方式关涉当下（现今时刻）的一切"新"——就像波德莱尔的花花公子通过感受和激情来表述自己的苦行主义，这种现代人努力"创造自己"，创造一个与众不同的新的自我。这是本雅明所理解的波德莱尔的现代性，融合古今且被注入了现代能量，在现代性特定的时代里发挥作用。对于福柯来说，波德莱尔的现代性厌恶任何完成式的自我观念，即本质论或隐藏的真理，而只瞩目那些积极的、生气勃勃的和创造性的方面，这些与作为时代产物的现代性是大异其趣的。

福柯就这样接受了他所谓的波德莱尔对现代性的拷问——什么是当下的意义？启蒙运动所开启的欧洲现代性指的是理性、科学和

第八章
现代性与文化

知识的力量。"但是,在我们的时代,"福柯说,"问一问现代性留下了什么,问一问这一事件的意义也是合理的。"波德莱尔已经提出了现代性问题并尖锐反对总体理论,韦伯强调在具体的语境里由行动者创造文化的意义(这与他的理性的铁笼的元叙事相矛盾)则与波德莱尔的目的紧密相关。然而,福柯没有给这些观点提供语境,因为自我与活力不是从现代性的氛围中实际形成的,而是在制度、社会关系和特定场域中的具体位置中得以建构的。福柯的分析把波德莱尔现代性的优劣都揭示出来了,这种现代性抛弃文化发展的终结性话语,认为文化被没有时间意义的当下所承载。

大卫·弗莱斯比(David Frisby)注意到波德莱尔的现代性概念已经成为关于现代性的社会理论发展的重要源泉,尤其是在西美尔和法兰克福学派的著述里(特别是本雅明和克拉考尔,他们采用了一种微观逻辑而不是总体论的方法)。这种现代性社会理论集中探讨由高速发展的资本主义经济引起的社会和文化的反叛,以及相应的新的感知模式和时空体验。新的时空体验就是转瞬即逝的、一闪而过的、偶然的和任意的。西美尔与波德莱尔有颇多相同之处(关注碎片化、经验和微观分析),沟通了现代性的文学审美观念和以社会学为基础的概念。

西美尔的现代性

西美尔与波德莱尔一样反对整体论。西美尔把社会描绘成一个互动的迷宫或网络,把"社会化"作为一个过程来进行分析——在这一过程中,个人既是社会产物,也是社会的缔造者。对西美尔而言,任何现代社会的真正生活都集中于"微观的分子活动"或者说微观互动,如社会聚集和小型的社会团体,而不会集中于大规模的社会形态。西美尔从社会互动和社会化的方面来界定现代性,例如,这种做法直接对应于西美尔对时尚的分析,时尚是转瞬即逝的,但又有着永恒的品性,它努力表现出普遍性,同时又是实际的和功利的。

西美尔的现代性分析的精华体现在他对现代社会中货币作用的深入研究。货币产生了社会分化,将一切分裂为碎片。现代性就被认为是由商品交换和流通主宰的社会世界,一种以货币贸易和关系为特征的文化。货币的作用就是把客体的质量属性简化为单纯的经济交换的属性:

> 这是我们这个时代的病态特征——疲于奔命和牢骚满腹的一个深刻的原因。通过货币经济,客体的质量属性失去了它们在心理上的重要地位。按照货币价值不断对各种事物进行评价,最终使得这种价值似乎成为唯一有用的价值。人们越来越急匆匆地从事物的特殊价值旁边绕过,而这些价值是不能用货币表示的。(Simmel,1991,p.23)

"意义的核心"从指尖滑落,千差万别的因素都被转化为货币,这种千篇一律的转换使得事物的内在价值破碎凋零。货币的抽象统治成为现代性的文化基础。人类关系越来越围绕着文化的主导思想展开——守时、精确、唯利是图。社会建立在客体物化的基础之上,麻木不仁且一片暗淡,生产出的东西只有量而没有质的价值。文化失去了统合社会的作用,因为没有普世的意义和价值,文化也就变成了非人性的和外在的东西,被数不胜数的商品所统治,并最终走向一个光怪陆离但却封闭的现实。

在他的随笔《柏林贸易集市》(The Berlin Trade Fair)里,西美尔描绘了由商品主导的文化给"过度刺激和疲惫不堪的神经"带来的后果,这些个体为了获得任何形式的刺激而争先恐后:

> 看起来,现代人在劳动分工中的一面性和单调角色似乎可以由消费和享受得到补偿。纷繁杂乱的印象越来越铺天盖地,

第八章
现代性与文化

各种刺激方式变化越来越快，越来越色彩缤纷。生活的积极面的分化，通过它消极接受的一面层出不穷的花样翻新而得到了明显的补充。(Simmel，1991，p. 120)

西美尔分析了大规模贸易博览会的增长，视其为现代文化的标志，因为这些博览会瞬息间就建立起"世界文明的中心"，形成"文化生产的总体"。而这样的总体表明了一种"外向的统一"，力量的流动产生了矛盾，尤其在风格和客体的多样性方面。没有什么东西能够声称永恒和长久。

在西美尔现代性理论的中心有一种难以化解的张力，这种张力存在于各种对立的因素之间，存在于人类活动的普遍的和短暂的、积极的和消极的因素之间。因为，尽管西美尔的社会学是围绕着互动过程和非物化的社会观念建立起来的，但是，这种互动却没有文化行动者。现代性不是制造出来的，而是对碎片化的世界和短暂体验的被动接受。

在他有关城市化的论文中，西美尔认为现代城市的成长通过社会互动形式的拓展而鼓励了个体性、自主性和个人自由的发展，但同时也产生了非人性和社会隔绝。同样，劳动分工一方面促成了狭隘的专业主义，加强了个体性，但却也推进了匿名性，即将个体淹没在客体世界里，把个人变成"巨大的、压倒一切的各种事物的组织，以及逐渐耗尽他手中一切与进步、精神和价值相关之物的力量的庞大机器"中的一个小小的齿轮（Simmel，1950）。

尽管西美尔近年来由于他的现代性方面的著述受到广泛的赞赏，但他的分析仍然大有问题。如前所述，西美尔的文化社会学被他所提出的严格的两分法所削弱，即分为内蕴和权威的表述的文化和作为外部的、非人性的、物化形式的文化。这样，尽管西美尔与波德莱尔一样强调碎片化和微观，但西美尔的现代性理论却将现代性置于不可调和的文化悲剧的元叙事之中，面对商品拜物教和物化而无法产生统一，因而与波德莱尔迥然不同。个人注定是悲剧性的隐忍者和逆来顺受者。西美尔的现代性缺乏反思性：个体根本没有对话性的互动，也不是文化的积极生产者。用布迪厄的话来说，西美尔的现代性是由短路效应主导的，他没有联系微观因素、制度和行动者来界定文化，将文化所有的交往关系和历史力量都清除了。

现代性 2：启蒙批评——从韦伯到法兰克福学派

波德莱尔—西美尔的现代性理论基于经验范畴和微观分析，勉勉强强越过福柯提出的问题，也就是行动者与不同形式的现代性及行为可能性的关系。西美尔的现代性包含了行动者的固定属性（如西美尔没有提出习性的概念）与文化的死板的、外在化的属性之间不可调和的对立。西美尔没有推行交往理论和社会互动的积极方面，如为客观文化（布迪厄的场域）和主观文化（被行动者内化的文化）架设桥梁的语言。他的现代性概念缺乏任何历史动力，几乎也没有历史时间感和任何结构分析，而无非就是对货币经济体验、城市化和商品流通的普遍化的强调。与此截然不同，韦伯推行的现代性概念既是结构性的，又是规范性的，并与对启蒙哲学的批评交融在一起，这就超越了西美尔僵化的矛盾论。韦伯的社会学对在现代文化中运作的结构力量进行了复杂的阐述，这些结构性力量催生了自主性、自由和分化的出现机会。

韦伯的现代性的规范性意义部分来自尼采对现代历史和文化的反思。在尼采看来，现代性指向一个"病态社会"的出现，在这个社会里，真正的文化成果正在遭受甚嚣尘上的商业主义和大众民主的瓦解。启蒙运动的遗产正处于科学思想的胜利和永恒意义的彻底消除的双重夹击之下。启蒙科学导致实证主义的主宰，这种实证主义的基础是社会世界的事实性，在其中，表面现象构成了生动现实。不仅如此，实证主义还高举系统观念和整体思想的旗帜，"我不信任

第八章
现代性与文化

一切系统的制造者,我避开他们。建立系统的想法就是缺乏诚意"(Nietzsche,1990,p.35)。尽管韦伯同尼采一样也敌视整体思想,但他还是赞同历史叙事观念,这是一种历史元叙事,在其中,理性的理想观念已经成了非人的管理和权威的铁笼。对尼采来说,应该强调的是"瞬间"和"碎片",这是肯定永恒存在的那种可能性的仅有的模式。碎片和瞬间是不可化约的,它们给渐渐丧失意义的世界提供意义。整体思想显然是敌人,总体性概念是虚假的。尼采就这样抛弃了线性历史和内在价值的不断衍生:历史已经穷尽,没有普世的价值,剩下的只有各种对立的价值和意识形态淆乱混杂的文化。现代性没有内在的价值核心,没有目标和目的,体现的是不可避免的同一性(或者说是"虚无")的永恒轮回。启蒙哲学实际上清空了历史的意志、能量和力量。

韦伯的现代性概念就是从尼采的这些主题中发展出来的——价值多元主义,开放性的而非目的论的历史发展概念,对现代工业社会实现自主性和自由的潜力的深刻悲观主义,以及个体化而不是总体化的概念。他通过特殊的行动者的动机和行动来描述不断进展的社会世界的理性化(见第二章的清教伦理)。通过目的理性行为的能力和意志,理性化过程从其发源地即宗教领域拓展至其他领域,包括政治领域(国家,官僚制),文化领域、法律领域和人格领域。这样一来,经济领域通过理性化过程也变得独立自主了,从政治领域中分离出来并因为自己的内在逻辑而与其他领域有了明显区别。也就是说,商业是在非人的规则、在计算和纪律的基础上运行的。连续一贯的原则取代了前现代性的非理性的和个人的因素——在前现代社会里,经济与政治是结合在一起的。

现代性的结构基础起源于前现代具有统一意识形态的同质世界的解体,起源于理性化的、分化的和竞争的自主领域的多样性的发展。这种现代性的主导是对目的的理性选择,是运用最有效的方法获取具体目的的精心计算,是由知识和价值引导的理性行为。在他的《中层理论》一书里，韦伯阐明了在特定领域里没有不同内在价值的混合，所以，比如说政治领域特有的价值就无缘进入艺术和美学领域，并获得合法性。文化必须与政治和经济区分开来。因此，韦伯的现代性反对发生在法西斯那里的、被搬上舞台的节庆活动和大众文化集会，以及堪称现代极权主义文化的一大特色的、艺术与政治混为一体的"政治美学化"过程。不同领域的分离构成了启蒙运动的前景，尤其是康德的科学、道德（包括法律）和艺术这三大领域，韦伯把自主性原则与社会历史变化联系起来——世界观的去中心化——这赋予了个人摆脱中心化的权威和创造意义的能力（Weber，1948，p.328）。

现代性是人类与理性化和各个自主领域的关系，这些领域提供了理性行为的可能性。但是，领域的自主性却受到了理性自身的力量的威胁。正如第二章所提及的，韦伯的理性概念融合了解放的（实质的）和功利的（形式的）因素。实质理性具有"终极目的"，也就是正义、平等和自由，这些价值赋予生活以意义，而法律、官僚制和专门知识的形式合理性是现代社会有效发挥作用的必要纪律约束（建立在价值计算和非人格化的基础之上）。这两种理性之间的张力构成了现代性的标志。

每一个领域都需要专门知识和针对具体议题立法的专家。没有这样的专家，就不会有自主性。但是，这样的自主性要建立在形式合理性而不是实质合理性之上。形式合理性完善了资本主义的主要制度和实践、自由市场及其管理机制，并威胁到领域固有的解放潜能。形式合理性使个体适应已经有了明确目的的系统，将它们转变为非人统治的匿名单位。

所以，现代性的辩证法对于依据理性组织起来的和自由的社会来说，最终会走向世界的祛魅和希望的破灭。领域的分化蕴涵着自主性和自由，但是，形式合理性和实质合理性之间固有的冲突却将韦伯引向了深刻的悲观主义结论。然而，韦伯的分化主题标志着现

第八章 现代性与文化

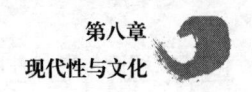

代性分析的一个进步，而这一点在法兰克福学派那里得到了继承。

论述现代性：法兰克福学派

《启蒙辩证法》是阿多诺和霍克海默在现代文化的主要趋势也就是极权主义的阴影下写成的。在这本书里，他们继承了韦伯的矛盾观点，即理性化过程兼具自由—解放和枷锁—物化的双重含义。《启蒙辩证法》集中讨论了资产阶级文化的起源，但却越过韦伯直接追溯到它在古希腊的源头和荷马《奥德赛》（*Odyssey*）的神话传说。启蒙哲学和科学的目标在于通过神话的消解，对社会世界进行世俗化、祛魅化和去神秘化，并用科学知识代替偶然的洞见。但是，阿多诺和霍克海默试图展示神话与启蒙运动是如何密切纠结的，所以《奥德赛》的神话世界就包含了启蒙。

《奥德赛》构成了欧洲文明的基础文本，展示了主体如何通过妙计和理性使自己从神话的主宰中解放出来。神话时代的荷马史诗试图摧毁神话，但奥德修斯（Odysseus）在阿多诺和霍克海默的笔下却成了鲁滨孙·克鲁索（Robinson Crusoe）那样的人物，即被周围环境逼得不得不去寻求"原子式的"利益，而这正体现了"资本主义的经济原理"，就是为了成功链而走险。从《奥德赛》开始，启蒙运动就兴起了个人通过理性原则摆脱自然统治的尝试。但是，阿多诺和霍克海默在把启蒙运动视为一个一分为二的现代性方面走得比韦伯更远。对于阿多诺和霍克海默而言，启蒙运动与任何系统一样都是极权主义的，它的组织元素是计算、标准化、形式主义、效益和功利性。启蒙运动的秩序、控制、主宰和系统等原则驱散了所有神话、主体性和价值，它的理想是"一切事物都服从于系统"。形式合理性给启蒙运动提供了"可计算的世界的图式"。启蒙运动的极权主义含义在文化工业概念中得到了最完美的表述，这种文化工业将交往的解放和文明化的潜力转化成了全面管理和控制的消极顺从模式。

在对《启蒙辩证法》的批评中，哈贝马斯认为阿多诺和霍克海默过分简化了现代性的形象，因而没有公正地看待体现在资产阶级理想中的"文化现代性的理性内容"。阿多诺和霍克海默忽视了文化现代性的基本因素，这些因素表明在目的形式合理性的无所不在的统治之外还有别的出路。《启蒙辩证法》仍然停留在决定论的、悲剧的和悲观主义的视野里。自主领域和专家的发展未必就表明工具理性的胜利，因为专家提出和加以调整的"有效性要求"必须为每一个领域固有的特殊规律和实践辩护。并非每个领域的价值都会自动地实现合法化，必须用批评话语来对它们进行论辩，并在非专家那里得到共识。总之，哈贝马斯认为每个领域的真正潜力都在于超越单纯的技术性和形式的知识，提出触及现代文化的根基、触及法律和道德问题以及政治结构、经济组织和美学形式的议题。结果就会产生实质的而不是形式的价值，例如，就像在专门的艺术或美学批评中可以就特定的艺术实践提出有关艺术价值的问题那样。这些未完成的解放性内核都被阿多诺和霍克海默忽视了。

在为"现代性计划"进行的辩护中，哈贝马斯追随韦伯划分出三个自主的领域——科学、道德和艺术，每一个都有自己的特殊的内在理性。韦伯的现代性概念强调分化过程中专门知识的不断增长的权威，以及专家和大众间日益拉大的距离。但是，韦伯的悲观主义遮蔽了启蒙运动中固有的解放潜力：

> 现代性计划是由18世纪的启蒙哲学家提出的，其中包括他们发展客观科学、普世的道德和法律及依据他们自己的内在逻辑而实现了自主的艺术的努力。与此同时，这个计划也打算把这些领域的认知潜力从它们的艰深晦涩的形式中释放出来。启蒙哲学家想利用专门文化的积累来丰富日常生活——也就是说，以达到日常社会生活的理性组织为目的。(Habermas，1985，p.9)

第八章
现代性与文化

这样看来，这些领域不断积累的知识并不会自动地导致对人性的奴役，反而开启了社会和文化世界的固有的可能性。但是，只有将韦伯的模式与阿多诺和霍克海默的模式融合为一种基于集体实践的交往行为理论时，上述做法才是可行的。这种集体实践将现代文化与日常生活再度联系起来，从而使这个计划得以实现。韦伯的批判与阿多诺和霍克海默的批判全盘否定现代生活形式（例如官僚制和全面管理），钝化了理性的解放逻辑，这样就降低了对"自我意识的实践"、"自我发展"和"自我实现"的期待。由此，艺术领域就产生了先锋艺术的激进力量以及对传统的颠覆性批判，而艺术批评的专门化活动也产生了也对现存社会秩序进行批评的价值。

对哈贝马斯来说，领域的理性化和分化以及随之而来的专门文化开启了通向知识生产、批判与交往的道路。而且，现代性的规范性内容实际上成了生活世界的一部分，进入制度之中并有助于塑造不同的文化实践。现代性的解放潜能在巴赫金的著作里得到了最好的体现，这些著作批评终结性的独白型话语，支持对话的和去中心化的话语，以及文化驳杂的、众声喧哗的性质。相反，法兰克福学派的文化工业观念却使现代性内涵变得狭隘和贫乏了，即将个体局限在一个难以发生任何变化的、封闭奴役的世界里。专门知识必须总是对文化现代性的"高度含混"的内容保持敏感。

哈贝马斯维护韦伯的主题的价值在于清晰地把握了现代性的历史和文化特性，并将其置于历史变化的理论中。但是，正是这种对西方社会渐进的理性化的辩护引起了猜疑与批评。这些猜疑与批评纷纷指向哈贝马斯思想中的总体性原则。后现代理论家抛弃了现代性中的启蒙概念及其蓬勃发展的知识、科学和技术权威，因为启蒙概念将文化一概削平和同质化，并且扼制和排挤其他声音和立场。差异被消除了。福柯更进一步谴责了"理性的单一形式"的观点，而提倡在丰富多样的、相互联系的场域中运作的不同的理性。而且，并不存在一般性的法则将这些不同的理性形式连接起来。

哈贝马斯维护启蒙计划，福柯却抛弃了它。后者舍弃了所有全面的、总体的思想模式——在这些模式里，社会被设想成一个整体，它的构成部分由一个主导中心、一种本质属性和一个目的统合起来。而在福柯那里，社会以微观逻辑的形式得到论述，成了一个由互不相关的话语构成的碎片化场域。系统化的理论扎根在诸如延续性、起源和总体性这些概念里，主体不能揭示知识场域中各种话语的运作。波德莱尔和尼采两人都是现代性的典范，因为他们强调微观宇宙和碎片化的现实。波德莱尔欢呼当下而牺牲了历史记忆，欢呼多样的现代性而不是单一的现代性，从而导致了传统和任何历史延续感的丧失。尼采的作品更是进一步提出了断裂和分散的原则而不是延续和同一的原则，提出异质与多元的原则而不是同质的原则。

福柯的分析存在的问题在于，他不能给去中心化的和微观的过程提供语境，给碎片化的和分散的元素提供基础结构。正如我已经说明的，韦伯推行的现代性概念是一种结构化的过程，这一过程是从历史上对自主性原则进行语境化的，尽管有些抽象。福柯的成功之处仅在于把文化简化为话语，却割裂了不同话语，以及创造和再创造这些话语的集体行动者与将这些话语变成实践的复杂交往模式之间丰富生动的历史联系。因此，尽管福柯对元叙事和主体中心的阐释深恶痛绝，但他的著作却也走进了一条思想的死胡同，从而不能产生分析性概念以将现代性设定或语境化为一个涉及反思的行动者的过程（例如未完成的、开放性的、去中心的巴赫金模式）。不仅如此，文化场域的分化还暗含了等级、权力和影响力，即一些文化实践和专门知识有可能会比其他的更有意义，且更有可能占据主导地位。现代性的这个方面也是其社会学的核心，福柯对此没有把握住，也如同第四章表明的，这也意味着哈贝马斯交往理性模式和现代性理论的缺陷。

第八章
现代性与文化

现代性 3：马克思

作为现代文化理论的一个关键因素，现代性概念更应归属于韦伯和西美尔的社会学传统，而不是马克思主义的。一般来说，那些发展现代性概念的马克思主义理论家，例如阿多诺和本雅明，都对马克思的唯物主义（特别是在社会发展中指派给集体社会劳动的角色）和基于总体范畴的相关方法论抱有怀疑态度。哈贝马斯紧随阿多诺，抛弃了马克思的劳动概念，而采用了交往与语言理论。尽管本雅明享有盛誉的作品已经引起广泛讨论，但他沉浸于微观方法和哲学阐释，因此与马克思的联系似乎也极其脆弱。

可是，本雅明和阿多诺，以及韦伯和西美尔都宣称与马克思的思想有着某种亲缘关系。那么在何种意义上，马克思的著作中也包含着一种现代性理论呢？近年来，有些学者尝试着从马克思那里提炼出这样的理论，最有名的就是马歇尔·伯曼（Marshall Berman）的《一切凝固的都烟消云散了》（*All That is Solid Melts into Air*），他在波德莱尔和马克思之间驾起了一座桥梁，因为这两个人都强调当下所固有的动力原则，强调当下的断裂和非延续性、革命特征和对传统的颠覆。

伯曼的现代性观点建立在人类行为和社会变化之上。要全面掌握现代性的意义，就必须抛弃那些把行动贬低为消极状态的理论。他指出，许多现代理论，尤其是结构主义和后现代主义，已经丢弃了积极行动者，丢弃了自我与现存社会的关系，更确切地说，是丢弃了与历史的关系。他以福柯作为典型例子来说明这一点：尽管福柯对现代性问题涉猎很广，但是他坚持人类行为在社会和文化世界的建构中不起任何作用，他的著作"回应着韦伯的铁笼学说，以及那些灵魂已被驯服成适应这些铁围栏的行尸走肉这些主题，这些主

154

题是一组无穷无尽的痛苦变奏"(Berman，1983，pp. 33 - 34)。伯曼进一步称，当代社会理论抛弃了整体感，所以现代性一分为二，成了两个不同的概念，即现代主义和现代化，就是指美学—艺术的现代性和社会的现代性。这种分裂是马克思的研究所拒绝的。

几乎是全部依靠《共产党宣言》(*The Communist Manifesto*)，伯曼描述了随着世界市场和高度集中的财政以及管理结构的出现，资本主义生产扩张成了一个全球性的现象，所有这一切都倾向于破坏民族国家的效力和地方工业及市场。但是，在对资本主义生产所进行的革命中，资产阶级走得更远，他们把文化本身以及相关的人类需要、能力和欲望都进行了转变。伯曼称对马克思来说重要的是："人类生命和释放能力的过程、力量以及表现，人类不断地在工作、移动、耕耘、交往、组织和再组织自然与他们自身……"(Berman，1983，p.93)现代资本主义的革命性经济动力深深地渗入了个人和社会生活中，改变了制度、实践和传统。用马克思（和恩格斯）的话来说：

> 生产中经常不断的变革，一切社会关系的接连不断的震荡，恒久的不安定和变动，——这就是资产阶级时代不同于过去各个时代的地方。一切陈旧生锈的关系……都垮了；而一切新产生的关系，也都等不到固定下来就变为陈旧了。一切等级制的和停滞的东西都消散了，一切神圣的东西都被亵渎了，于是人们最后也就只好用冷静的眼光来看待自己的生活处境和自己的相互关系了。①

伯曼的主要观点是，资本主义创造了人性得到真正的扩展的可能性，但是同时又通过劳动分工破坏了这一人性扩展的基础，培育了异化和碎片化以及人类的局部发展。与此同时，现代工业发展需

---

① 《马克思恩格斯全集》，中文1版，第4卷，469页，北京，人民出版社，1958。——译者注

第八章
现代性与文化

要更高的技术和合作水平,因而个人越来越被要求学会进行集体行动和思考。现代资产阶级文化就是这样一种文化,它的特征是充满了不安全状态和革命活动。在这种文化里,蓬勃发展的工人阶级运动一定会产生共产主义,然而,伯曼认为这可能会"窒息促使这种文化形成的积极的、动态的和发展的力量",而这样就背弃了平等主义和没有冲突的社会实现的希望与可能性。

在伯曼看来,马克思的思想是一种"融合的图景",在这种图景里,资产阶级社会表面的稳固性渐渐地受到各种震惊和碰撞的瓦解。"每一个生活领域都出现了永久的动乱、危机和矛盾,它们阴森可怕、狂放不羁、张牙舞爪,一边行动,一边盲目地恐吓着,破坏着。"伯曼把马克思描绘成一个现代主义者,将这名现代主义者的思想用语言和形象刻画为:

> 现代活力与动力的光辉,现代解构和虚无主义的毁灭……一个一切事实、价值都在其中旋转、爆炸、分解和重组的漩涡;什么是基本的、什么是有价值的,甚至什么是真实的都根本没有确定的答案。(Berman,1958,p. 121)

伯曼因此将马克思与一种关于现代性的美学话语连接了起来。但是,对马克思的现代主义的强调是与马克思著作的整体不相容的,特别是马克思对现代资本主义的历史性质及其"运动法则"的研究,以及他对具体事件表层之下的结构动力的分析,也就是将资本家的"能力"和动力与更长久的决定性力量结合起来。马克思现代性观念的关键不在于论战姿态的《共产党宣言》,而在于把资本主义作为一个社会系统所进行的丰富和复杂的分析。《共产党宣言》仅仅代表马克思的论战心态,它是一个激励集体行动的文本,一个为被压迫者提供的集会点,一幅革命实践的蓝图。作为一个文本,它必然要进行简化的资本主义分析(例如社会由两个对立的阶级构成);但是,马克思将资本主义作为一个系统来分析的许多至关重要的概念却被遗失了，或没有得到充分的论证。仅仅在他后期的著作里——尤其是《政治经济学批判大纲》和《资本论》，马克思的重心才转移到将劳动界定为劳动力上来，即一种仅仅在资本主义生产模式中才能找到的独一无二的商品。在《共产党宣言》里，劳动的特征被描述成抽象的、一般的和社会的劳动，一种把价值创造（表现为货币）和人类活动（表现为劳动）之间的确切关系进行成功地神化的方式。劳动力是一个商品，而一般的劳动不是商品。财富的创造只有通过劳动力的剥削才有可能实现，这样，劳动就从对人类价值的肯定转化为否定。《资本论》认为，商品生产必须有两种特殊价值的分离，即交换价值和使用价值。前者拥有一个价格，后者则满足人类和社会的需要。商品结合了交换价值和使用价值，体现了资本主义发展的必要条件中的一个"基本"矛盾。工人的生存仅仅是为了满足经济系统的需要，物质财富的存在并不是为了满足工人的发展需要。生产的社会过程实际上否定了对社群的需要，合作和人类关系变得"原子化"了，呈现出一种脱离人类控制和有意识活动的物质性特点，"这种无序状态的总体运动就是它自身的秩序"（Marx and Engels，1958，p.77）。

个体与社会之间的社会联系纽带就这样通过交换价值表现出来，如此一来，个人就将自己的社会力量和社会联系纽带都装进了自己的口袋（Marx，1973，pp.156-157）。金钱成了客观的社会纽带，系统中的现实社群被交换价值主宰着。结果就是资本与劳动的不平等关系被神秘化了，在一段著名的文字里，马克思写到商品作为一种神秘的事物，掩盖了劳动的社会性，把生产者与他们全体的劳动关系表现为一种不存在于他们之间、而是存在于他们的劳动产品之间的社会关系。社会关系颠倒了，因此一切因素，甚至最简单的，例如商品，都使得人们之间的关系似乎呈现了物的特性。现代资本主义的社会世界就是一个颠倒的世界，在这个世界里，劳动产品产生了表面的独立性，因此是事物统治着生产者，而不是反过来受生

第八章
现代性与文化

产者的统治,参与生产的工人生活在一个"中了魔法的世界"里,在这里,他们的关系呈现出物的特性,呈现出产品的物质因素的特性。人性越来越屈从于物的世界的统治,被它自己创造的过程所统治,这一过程通过资本主义经济系统的运作,反过来作为客观的、外在的力量对抗人类(Marx, 1958, pp. 72 - 73)。社会财富成了一个异化的统治力量,一种魔鬼般的客观力量;它通过社会劳动创造出来,却不属于工人,而属于资本。马克思注意到,重点没有落在物化过程的状态,而是落在了异化的、已经脱手的、卖出的事物上(Marx, 1973, pp. 531 - 832)。神秘面纱遮蔽了真正的事实基础。

马克思在这里使用的语言与《共产党宣言》的语言完全不同。在《资本论》和《政治经济学批判大纲》里,他关注的是作为一种具体的历史社会形态的资本主义,其通过危机、张力和矛盾冲突而系统地结构而成。正是后者构成了马克思现代性观念的关键点,即尽管资本主义使得个体碎片化、异化和原子化,侵袭群体和社会纽带,但这样的社会形式是与贯穿资本主义经济系统的逻辑联系在一起的。马克思没有像伯曼那样把现代性简化为心理状态,或者原子化的和异化的行动者的经验。诸如"稍纵即逝"、"碎片"、"断裂"和"解构"之类的术语必须与具体的经济社会状况联系起来,这样的状况构成了个体以这样的方式体验文化的语境。伯曼提出的那些主观范畴几乎没有分析价值。相反,马克思把现代性看作一个客观历史过程,它的根基在于商品生产的规律和金钱凌驾于人类生活之上的压倒性力量。

一个关于系统与体验之间协调关系的例子是马克思对碎片化观念的分析。通过在高度组织化和纪律严明的资本主义劳动分工中所占据的位置,个人体会到异化和碎片化的感受,这种劳动分工实际上是把从事直接生产的大众与对生产资料的控制分离开来了。类似地,系统中必要的成分如信用制度——其作用是协调和引导资本流向工业的具体分支——则承担金融投机的活动,从而对经济—社会危机负责。各协调系统相互指引以恢复资本投资的秩序,但正如大卫·哈维(David Harvey)指出的,在"信用创建中存在着一个中心矛盾,那就是支出从来就不能与投机分离"。金融系统与货币基金间的关系存在永恒的张力,从来就不曾保证资本运作会满足人类的需要和诉求。例如,当资本找到途径流入新型的房地产业和工业中,并不知疲倦地寻求有利可图的市场时,全然不顾人类的需要,它的投资是为了攫取剩余价值。其所引发的社会后果就是碎片化和社群的消失,以及一种问题成堆的社会秩序。

这样看来,马克思的现代性概念是以系统为基础的,并与资本主义发展的客观规律和生产力及生产关系之间的矛盾连在一起。古代和过去情形的重新出现就使这些术语获得了意义。资本主义经济的逻辑带来社会解构的可能,这样就有必要给予其他社群的思想观念以合法地位。资本主义现代性经常宣扬过去的精神和神话,以及有助于寻求和建立可行的社会纽带的文化传统。光怪陆离的形式面纱遮蔽了结构矛盾和危机,把现代性置于经验表层上,消解了其剥削行为的历史根源和系统力量的支撑逻辑。但是,这样的分析提出了两个问题:首先,文化的自主原则没有得到论证;其次,行动者或自我的作用仍然没有得到解答。换句话说,尽管马克思的方法提供了现代性经验的结构分析的基础,但并没有解决现代性本身的文化逻辑问题。正像第一章表明的那样,马克思的著作在功能主义和辩证法的两种解释之间摇摆。尽管他对现代性的阐述是结构性的和历史性的,但仍然有终结性话语的问题,如主导性意识形态在文化中的作用、文化统一性反对它的杂交形态,以及封闭的而不是开放的对话模式。这些及其他问题将在下一章关于后现代对现代性的批评的内容中予以考察。

第九章
后现代性与大众文化

正如我已经指明的,马克思把资本主义作为一种特殊的经济系统进行语境化的和历史的定位,对其结构的分析是通过对围绕生产条件的元素进行等级排序实现的。各种特殊的规律——它们与生产集中化、金融资本和工业资本的融合及利润率的下降相关——调节着其内部的运作。而资本主义的逻辑表现为无政府状态——个人在市场环境里追求他们自己的利益——古老的社群和传统不可避免地遭到破坏,历史成为一堆杂乱无章的事件的堆砌——而在系统逻辑和历史必然性基础上却存在着一个支撑结构。马克思提出了一种连贯的历史叙事,认为对立的社会阶级为了将自己的意识形态加诸全体社会、为了争夺权力和合法性而展开殊死竞争。作为现代性的一个至关重要的叙事,资本主义工业化把这个系统的内部矛盾作为自己的动因。

这样的宏大叙事是社会学、马克思主义和哲学有关现代性话语的特征:韦伯和涂尔干把历史描绘成理性化的叙事和铁笼般的奴役,以及有机体的稳定对矛盾的胜利;葛兰西也提出了要通过盟主权创造一种普世文化,从而对狭隘的阶级利益和意识形态实现历史的超越。

现代性批判1:后现代和宏大叙事

由于显而易见地属于现代性的时代,这些宏大叙事已经被判定为是多余的了。后现代哲学家利奥塔的《后现代状况》(*The Post-modern Condition*) 一书出版于1979年（1984年被译成英语），尽管其中大多数的观点都受惠于法国后结构主义——主体的死亡、建构现实的语言和语言游戏的优先地位——但它首先要抨击的是启蒙理性、普遍历史和总体性概念。利奥塔宣称"让我们对总体性宣战"，即对所有在纷繁零乱的事件之流中建立秩序和意义的尝试进行宣战。这样的总体性历史和元叙事包括马克思主义的通过将劳动社会化从剥削和异化中解放出来的主题，以及哈贝马斯通过理想语言共同体和理想交往实现解放的叙事（Lyotard，1989，p. 315）。

利奥塔简明地把后现代定义为"对元叙事的不信任"，而现代性则以任何参照元话语而使自我合法化的科学为标志，如启蒙运动对普遍自由目标的向往。这样的元叙事骨子里深沉地怀念着有机统一、整体和和谐。但是，实际上根本就没有追求解放和自由的集体主体。整体概念是极权主义的和"恐怖的"，因为它竭力排除他人参与它的理想的共同体。元叙事总是青睐有着同质性和共同目的基础的特殊共同体的利益。这样，哈贝马斯的共识观念就被斥为"陈旧过时"的和可疑的，它所保证带来的不是自由，而是独立和批判思想的终结。对利奥塔来说，语言游戏的异质性、多样性、分歧和持续的斗争必然产生不确定性和含混性。

在利奥塔的现代性分析中，可以清晰地听到法兰克福学派对启蒙运动的批判，以及巴赫金的终结性的独白型话语观念的回响。这些话语竭尽全力地试图同化和封闭所有其他对立的声音。但是，利奥塔的现代性哲学批判并没有为思想观念厘清语境并提供历史情境，也没有对产生和维持文化多样性和开放性的条件进行分析。相反，利奥塔声称多样性和差异来自语言和美学，特别是通过先锋艺术以及它们所进行的实验。后现代就是要"否定优雅形式的慰藉，否定共同趣味，这些共同趣味使得对虚无缥缈的东西的集体渴求成为可能"。后现代作家的写作没有既定的规则和范畴，这样是为了"阐明

第九章
后现代性与大众文化

爱怎么做就怎么做这一规则"。

因此，尽管是对社会、经济、政治和历史理论的批判，但利奥塔的著作被认为仅仅是对文化形式和文化观念的解释，这种解释脱离了形式与思想的社会和经济结构。因为摒弃了宏大叙事的再现手法与真理，利奥塔也就抛弃了所有的再现模式、客观意义和真理。只有通过否定现代性和现代主义的固定形式，后现代才能进行自我定义，"因为作品只有首先是后现代的，才能成为现代的"。

利奥塔是在狭隘而贫乏的意义上定义现代性的，剔除了现代性概念中促使行动者在开放的、多元的文化中参与目的性行为的各种因素。诚然，许多现代性的版本都指出了那种封闭和将差异纳入一个基本统一的文化的倾向——文化工业，帕森斯式的共同文化——是把现代性概念同质化的立足点。文化作为意义、行为、目的和价值的领域，是现代性目标的核心，把社会和文化理解为整体并不一定意味着目的性的决定论，因为整体可以与差异、多样性和开放性并存，而这些都是参与者和行动者创造的因素，正是他们的行为构成了各个整体。

现代性批判 2：后现代主义与文化

现代性概念最初是以启蒙运动的乐观主义和波德莱尔的"新"，以及先锋派与传统的决裂和对新的美学形式的追求的面目出现的。后现代概念同样出现在现代主义看起来已经筋疲力尽、再也不能应对现代大众社会的"新"之时。作为现代性的美学之翼，现代主义被等同于一种特权话语，在其中，精英文化体现本真领域，而流行大众文化则是异化和非本真的领域。

在《后现代与后工业》（*The Post-Modern and the Post-Industrial*）一书中，玛格丽特·罗斯（Margaret Rose）追溯了后现代的起源，将其归结为形形色色的知识语境，包括历史［阿诺德·汤因比（Arnold

Toynbee）1939 年的《历史研究》(Study of History) 认为后现代随产业工人阶级的兴起而出现，现代主义随中产阶级的兴起而出现]、文学（典型的是 20 世纪 40 年代的拉美诗歌）和社会学家 [C·赖特·米尔斯（C. Wright Mills）1959 年的《社会学的想象力》(The Sociological Imagination) 把后现代视为现代之后的第四时期]。然而，这些用法在论述后现代时都不够严格，仅仅在建筑领域中，后现代才作为一种与现代大众文化紧密相关的、新的和独特的美学被分析。1945 年，建筑家约瑟夫·胡德纳特（Joseph Hudnut）用这个概念来表示那种大量建造和按一定规则设计的房子，这种房子的设计是为了让每个家庭都拥有"标准化的和批量建造的棚屋，且与成千上万的邻居毫无区别"，正如罗斯指出的，尽管"后现代"这一名称早就被人使用了，但胡德纳特还是专门提出了"一种超功能主义的现代住房"，即强调标准化和机械化本身就是目的，由此便与文化和美学问题区别开来。现代主义建筑家鲍豪斯有意识地在城市空间的翻新中培育一种社群感、归属感和整体感，以突出乌托邦式的目的；与此不同，后现代主义建筑接受劳动分工引起的碎片化和作为阶级不平等的等级结构系统的社会。鲍豪斯的现代主义美学试图通过社会阶级混合的住房设计和高度个人化的建筑艺术，来挑战资本主义粗鲁的唯物主义，并打破阶级界限；而后现代的建筑称它的职责是给房主提供不带一丝多愁善感或奇思妙想的文化，并提供最适合集体性工业生活图式的思想习惯……（Rose, 1991）

随着后现代观念在 20 世纪 50 年代被越来越广泛地使用，这个词逐渐开始意指因支持大众文化而导致的现代主义的衰微。与现代性的观念一起，后现代成为具体的文学和美学话语的一部分，尽管它原本起源于建筑和历史。文学批评家如埃文·豪（Irving Howe）、莱斯列·费德勒（Leslie Fiedler）和哈里·莱温（Harry Levin）把后现代定义为一种崭新的文学形式，从而抹去了流行与现代、大众文化与现代主义敏感之间的固定界限。J. D. 赛林格（J. D. Salinger）

第九章
后现代性与大众文化

的《万有引力之虹》(The Catcher in the Rye)、诺曼·梅勒 (Norman Mailer) 的《鹿苑》(The Dear Park) 和杰克·克鲁亚克 (Jack Kerowac) 的《在路上》(On the Road) 等小说都描绘了一个日益俗气的、面目模糊的社会世界。旧的、稳定的小说观念看起来已经不再适用了,为了顺应现代大众社会的现实,后现代作家们抛弃了现实主义的"写实手法",转而热衷于寓言、预言、乡愁和流浪模式。后现代的反英雄替代了现代主义无凭无据的、异化的和大有问题的英雄。豪指出,早期的后现代作家倾向于对这种新的、混乱的大众社会不加批判地消极地接受。豪说:"在现今的社会里,人们变得消极、麻木和原子化了。在这里,传统的忠诚、纽带和联结变得松散或者完全丧失了……在这样的社会里,人成了消费者,他自身就像他吸收的产品、娱乐和价值一样也是批量生产出来的。"(Howe, 1992)

以这样的方式来设想后现代,就取消了大众文化中可能蕴涵的乌托邦和解放潜能。莱斯列·费德勒声称,向后现代的转变催生了一种更加积极参与的公众,这种公众拒绝"来自上面"的、来自高雅艺术的批评家和教师的指示与教育,而是转向流行文体(西部和科幻小说等);在这些文体里,没有"兴趣的引发者",也没有"追随者"。费德勒表明,流行艺术,不管它表面的政治性如何,总是颠覆性的:"只要流行艺术对自己领域的秩序和有序化保持敌意,那么它就是对等级制的一个威胁。"后现代暗含着"清除艺术家和观众间的鸿沟"之意,因为现在的文学讲着"大家的语言",而不是仅仅讲着"文雅的精英"阶层的语言,在一个世俗的时代里,"文学再度具有了预言性和普世性"(Fiedler, 1992)。在许多作家看来,后现代意味着转向民主和开放的文化的真正倾向,并最终结束精英主义的和封闭的现代性。最早的后现代理论家之一伊布·哈桑 (Ihab Hassan) 根据后现代从小说和文学理论进入美术、音乐、哲学、人类学和心理学领域的演变情况,列举出了后现代的基本原则。

哈桑的分析表明,后现代远非与现代主义对立,而是包含许多现代主义的基本美学原则。事实上,哈桑列举的所有后现代的特征都存在于现代主义中,从乔伊斯(Joyce)的《尤利西斯》(*Ulysses*)中的反叙事到达达主义、超现实主义,以及埃里克·萨蒂耶(Erik Satie)的音乐中对机遇、游戏和无政府的青睐。在他的芭蕾舞剧《游行》(*Parade*,1921)中,萨蒂耶把打字机和左轮手枪作为乐队的一个组成部分,而其他作曲家则有意识地尝试着将新兴城市文明的种种声音和转瞬即逝的体验融合起来,如洪内格(Honegger)的《太平洋231》(*Pacific* 231)中的蒸汽机和马丁努(Martinu)的《半场》(*Half-Time*)中的足球比赛。这些现代音乐大都接近达达主义的美学,即认为艺术就是偶然发生的一个过程,是反传统的无政府,从本质上预示了后现代。这些例子表明,要把后现代从现代主义中区分出来并不容易。而这也支持了利奥塔的观点,即现代主义在美学上已经筋疲力尽、憔悴不堪了,后现代主义是作为现代主义的一种新形式而出现的。相比之下,巴赫金的文化社会学表明,对现代主义和后现代主义的具体特征的解释,必须深入细致地分析其内部因素和结构,及其与广泛的文化和社会语境之间千丝万缕的联系。另外,一些早期的批评家〔如克莱蒙特·格林伯格(Clement Greenberg)和莱昂尼·特里林(Lionel Trilling)〕攻击后现代是媚俗,是商品化和流行价值的文化典范。建立在这种文学与美学分析的基础上,丹尼尔·贝尔(Daniel Bell)在他的《资本主义文化矛盾》(*The Cultural Contradictions*)里尝试给后现代主义厘清一个社会学的语境,即将其与后资本主义和后工业社会的发展联系起来。

现代主义	后现代主义
形式(封闭的)	反形式(封闭的)
目的	游戏
设计	随机
等级序列	无政府
艺术客体/完成的作品	过程/展示/即兴
离间	参与
集中	分散
聚合	拼合

续前表

现代主义	后现代主义
深度	表面
阐释/阅读	反对阐释/误读
所指	能指
叙事	反叙事
确定	不确定
超越	内在

在贝尔看来，后工业主义意味着信息技术和"理论知识"的发展，它们是决定"社会革新和社会变化方向"的轴心原则。贝尔的主要观点是，这些信息技术和知识的发展预示着社会和职业结构内部发生的巨大变化，即从基于劳动密集型工业的批量商品生产的经济转向由新的职业和技术阶层主导的服务型经济。后工业社会乐于大量消费商品和服务，贝尔认为形成现代资本主义的文化根基的苦行—理性原则已经被逐渐地侵蚀了。现代主义反抗的、颠覆的本性实际上瓦解了清教文化的苦行—理性原则。现代主义文化是享乐和反规范主义、反制度主义的胜利，是对秩序、资产阶级价值和社会的一次猛烈"袭击"。现代主义破坏了勤奋、谨慎、节俭和禁欲这些美德。作为现代主义的顶峰，后现代主义文化沉迷于纵情消费、时尚、摄影、广告和旅游的享乐世界里，沉浸于游戏、嬉闹、展示、放任自流和寻欢作乐中（Bell，1979，pp. 46 - 47，71）。

按照贝尔的看法，现代资本主义的道德基础正处于崩溃的危险之中。随着现代主义日渐走向山穷水尽，后现代主义不可避免地导致一种肆意挥霍、随心所欲、反理性和反智性的文化，在这种文化中，现代主义的宝贵遗物（如对风格的辉煌探索和令人目眩的形式实验，以及围绕切身体验和精神救赎的焦虑而形成的文学）都被丢弃了。美学体验被还原为冲动、享乐和本能的（Bell，1979，pp. 115 - 118）。

现代主义坚持艺术作品的美学自主性原则，而后现代则创造了艺术与生活之间的新纽带。贝尔表明，随着传统的阶级结构的解体，随着个人越来越通过"文化品位和生活方式"而不是工作和职务来获得身份认同，享乐主义主导的文化和艺术出现了，且二者都消除了作为创作源泉与历史的联系纽带的张力。贝尔的观点是，由于"距离的消失"，观众或读者无法站立在一定间隔之外与艺术作品进行对话，这包含着历史感和古今延续感的沉痛丧失。后现代文化不再给人们带来经验与判断的秩序化原则，它给人们带来的只有直接性、冲击力、骚动不安和同步性。

因此，在贝尔看来，现代性的问题基本上就是信念问题，后现代主义更进一步加剧了整体的分裂和解构（Bell，1979，p.27）。他的分析有些奇怪地令人想起马克思主义的理论，即哀悼在资本主义社会里整体感觉的丧失和对整合社会价值的需要。但这不是现代主义文化的作用。开放、差异、含混、去中心的互动才是现代主义文化的根本，推动了对权威、权力和等级制的正常的质疑。实际上，贝尔大声呼吁建立一种统辖一切的世界观，以便为统一的共同文化提供必要的价值，因而他使韦伯的领域部分自主的主题也显得不激进了。

实际上，贝尔是想一举两得。文化的自主化和现代主义的兴起，与经济的推动和苦行式社会实践及价值之间只有十分松弛的联系。现代主义的发展从来就不像贝尔设想的那样就是反资产阶级和反资本主义意识形态的直接结果，而是对现代性文化和它建立在市场规律上的资本主义基础的复杂回应。在市场导向的资本主义里，艺术日益增长的商品化和商业化威胁着它自身的自主性。通过意象、艺术手法和诗意语言，现代主义投射了一个异样的现实、一种乌托邦的和颠覆的美学，远离商业化的大众文化非本真的和"堕落的"形式。这就是现代主义和后现代主义的关键区别，尽管两者具有类似的内在因素和形式，但后现代主义与当代资本主义关系密切并消解了文化与社会间的界限。这样，尽管贝尔的分析集中于文化的解构和新的道德核心的必要性，但后现代却抛弃了这样的总体性概念，

第九章
后现代性与大众文化

转而欢呼分化原则的最终倒塌。所以，后现代被视为消除了高雅文化和通俗文化之间的"不可逾越的鸿沟"（Huyssen，1986）。

后现代主义：大众文化和资本主义逻辑

在后现代那里，形象取代了叙事，后现代建筑混合不同的形象和风格，抛弃了现代主义建筑的元叙事（对空间的理性、科学、功能性的安排），后现代电影强调景观和形象，重复过去的电影画面，消解了时空感，瓦解了现实主义的叙事。贝尔的社会学理论在这些发展中看不到任何积极的东西，而弗里德里克·杰姆逊的后现代主义分析对此却是欢迎和肯定的。与贝尔一样，杰姆逊也将后现代的发展与现代或者说晚期资本主义的具体特征联系起来，从而努力厘清后现代的语境，这样就与现代性和现代主义建立起了延续性而不是与之断裂。

运用传统的马克思主义框架，杰姆逊认为资本主义的发展经历了三个不同的阶段：市场资本主义、垄断资本主义和跨国资本主义。其中每一个阶段都有自己"具体的文化主导"，即分别为美学的现实主义、现代主义和后现代主义。在曼德尔（Mandel）三个资本主义时期的理论基础上，杰姆逊把1945年后的资本主义描述为"晚期资本主义"，而这构成了"迄今为止出现的最纯粹的资本形式，即资本长驱直入至今尚未被商品化的领域"。一种新的社会生活类型和经济秩序作为"古典资本主义更纯粹和更同质的表述"出现了，就此而言，后现代主义实际上是一种生产模式，而不仅仅是一个文化范畴。后现代生产就这样渗透了晚期资本主义社会的一切领域，并且容纳和制度化了现代主义本身，把"先前是对立"的运动转变成了"一套僵死的经典"，使其不再能惊天动地和嬉笑怒骂，而是"极其顺从地乖乖接受……与西方社会的官方或大众文化融为一体"。作为一种生产方式而不是艺术风格,后现代主义一统天下;与此不同,美学现实主义和现代主义的文化主导却都是与其他文化潮流和运动并存的。

与韦伯对领域的区分明显对立的是,杰姆逊坚持认为文化的相对自主性属于资本主义的早期阶段,因为随着全球和跨国资本的扩展,文化也"势不可挡"地扩展进入所有的社会领域,"以至于达到了这样的程度,即我们社会生活的一切——从经济价值到国家权力,在某种本源和至今没有对其加以理论化的意义上都成了文化"。但是,既然一切都成了文化,那么还有可能在实践、价值、意义、制度和手工艺品的不同形式之间做出有用的区分吗?文化和非文化的区别又在哪里?在后现代社会里,一切都成了商品,使得这样的区分也无关紧要了。所以,后现代艺术欢迎文化的商品化,安迪·沃霍尔(Andy Warhol)的可口可乐瓶和坎贝尔(Campbell)的汤罐头就将美学形象与商品拜物教结合起来,从而失去了现代艺术的批判性的锋芒。沃霍尔的设计形象与所有商品一样没有什么深刻的内涵,对杰姆逊来说,这正好有力地构成了后现代文化的典型特征。

在对后现代主义的分析里,杰姆逊辨别出后现代主义区别于现代主义的四个关键因素:

(1)后现代主义构成一个文化力量场域,其中并存的多种多样的因素被结合进一个结构统一体。后现代作为一种盟主权起着主导作用,将各种异质性力量整合进一个文化整体。

(2)后现代主义取消了美学距离。现代主义绘画,如蒙克(Munch)的《呐喊》(*The Scream*),传达出一种对于异化、孤独和碎片化的本真的、未被商品化的体验,从而激起观者的尊敬和敬畏。

(3)后现代主义预示着历史性的衰弱,即沉浸于当下而排除了对任何历史时间的真实感觉。杰姆逊引用 E. L. 杜克罗夫(E. L. Doctorow)的《摇滚时代》(*Ragtime*)这本世纪之交的美国历史小说为例,指出在小说里,历史的过去没有得到"再现",再现的只有"我们"对于过去

第九章
后现代性与大众文化

的思想观念和刻板成见。与此截然不同的是,卡夫卡(Kafka)的小说《审判》(*The Trial*)将现代性文化——特别是城市化和异化——与谜一般的宫廷的古老的、巴洛克式的元素并置,构成了一种现代化经济和残存的政治、法律、文化并存的景象。后现代主义文化就这样将古代一笔勾销了,没有留下一点过去的痕迹和意义,也没有任何记忆。杰姆逊指出,在司各特(Scott)的历史小说里,美学现实主义的文化主导允许古代发挥积极作用,生动展现了新的生产方式和旧的、残存的封建社会关系之间的区别。

(4)后现代文化主要的规范性元素是戏仿,戏仿指模仿并随意拆用过去的风格。重复与兼收并用更进一步抹去了"高雅文化和所谓的大众或商业文化之间的边界",各种后现代主义者不可抵挡地被"廉价和媚俗的景观、电视节目、《读者文摘》(*Reader's Digest*)、广告和汽车旅馆、午夜电影和好莱坞 B 级影片……流行人物传记、秘密凶杀和科幻小说所吸引,他们不像乔伊斯和马勒那样仅仅'引用'这些素材,而是直接把这些素材融入他们的作品之中"。此外,后现代主义还是一种全球现象,它的动力来自跨国经济和电子媒介的新形式。

杰姆逊的主题尽管与其他一些后现代版本相互重叠,却也是独出心裁的。尽管杰姆逊论述的是在现代性和后现代性分析中都具有关键作用的文学—美学和政治范式,但是他的后现代分析是在宏观而不是微观的层面上进行的。他运用了马克思主义的概念,如"生产方式"和"总体性",并且他的主张也接近元叙事。把后现代主义理解为一种生产方式和文化主导,这表明后现代文化并不是不可化约的和异质性的,而是一个整合和统一的过程。在这一过程中,"差异"被吸收进了一个基本结构。

与韦伯的文化领域的分化不同,后现代主义是去分化的,在此过程中,文化毅然回到"社会、经济和政治生活中,这种方式使得所有独立的……文化的其他形式都成了问题"。但是,杰姆逊声称其他的非后现代性倾向在力量场域的结构中可以并存，尽管他的文化主导的概念是在其语境中作为盟主权被构想的（不像美学现实主义和现代主义）。这种阐述显然受惠于威廉姆斯对"新兴"、"残余"和"主导文化"的区分，关于这一点我已在第五章讨论和批评过。与威廉姆斯一样，杰姆逊也没有解释清楚场域中其他力量是如何从主导文化中发展出部分自主性的，而且也没有对力量场域中文化生产的不同形式之间的复杂关系进行分析。的确，在杰姆逊的模式中，在场域中运作的力量几乎没有出现复杂的相互作用；相反，通过一个将后现代的不同形式（从建筑到电影和绘画）与生产方式连接起来的总体化过程，这些力量都被同化和整合了。就像我在讨论布迪厄的场域理论时表明的，文化生产的总体化模式强调的是整合而不是分歧和斗争。场域是在差异、对立和斗争中获得结构的，是运作的各种具体力量创造了场域和文化产品结构的变化。但是，杰姆逊的模式没有提供在力量场域中运作的变化规则，也没有分析被卷入各种不同形式的文化生产和再生产的社会群体以及他们的地位和相互关系。

实际上，杰姆逊把现代资本主义社会高度复杂、分化和等级制的结构、制度和实践以及文化生产中的行动者间的斗争，简化成为一个决定论的历史叙事，这种叙事在行动者身后盲目地展开。叙事概念在杰姆逊的理论中是一个关键因素，因为作为一种总体化过程，叙事使得个人能够找到生命的意义，并且有可能恢复随着资本主义劳动分工的发展而消失的和谐一致的社会生活。这些黑格尔式、法兰克福学派和本质主义的观念，看起来与后现代概念本身和杰姆逊自己的分析是背道而驰的。杰姆逊认为后现代文化没有历史意义，是按即时性建立起结构且沉迷于商品拜物教。

相关历史分期法也有问题。曼德尔的晚期资本主义概念指1945年之后的时期，而杰姆逊的后现代主义出现在20世纪60年代。而且，资本主义生产在20世纪40年代至20世纪80年代期间经历了

第九章
后现代性与大众文化

一些迥然不同的阶段,即从与凯恩斯经济学联结在一起的中央政府干涉主义到里根和撒切尔夫人的自由市场意识形态。大卫·哈维指出,与早期那些"组织化的资本主义"经济单位相比,在20世纪70年代的后福特时期里,经济单位变得越来越小、越来越灵活。在杰姆逊的分析里,资本主义经济生产的特殊性是被模糊地和抽象地论述的,其将后现代文化以一种全面而直接的模式与生产过程联系起来。在资本主义晚期,文化已经成为主要的生产力量,再也不会脱离经济,文化概念和经济概念"重新回到相互重叠的状态并说着同样的事情,经济基础与上层建筑的区分逐渐消失,所以,经济基础在资本主义第三阶段以一种新型动力产生了它的上层建筑"。但是,很少出现有说服力的经验证据支持杰姆逊的后现代文化模式。现代资本主义仍然是有等级结构的,它的制度产生了收入、财产和文化的不平等。而且,这些制度各自的自主性程度高低也不同。大众文化或者说后现代文化享有的自主性很少。但是这不意味着所有的文化——包括不同的层次、制度和集体行动者——都具有空虚性和决定论的缺点。

尽管杰姆逊对后现代文化进行语境化的思辨尝试受益于马克思主义的经济理论,但他对形式本身的分析却受到了让·鲍德里亚(Baudrillard)的著作的影响。鲍德里亚是后现代的领袖,一个不纯粹的马克思主义者和经院式社会学家。在他的文章《仿像的秩序》(The Order of Simulacra)和《仿像的变化》(The Precession of Simulacra)里,鲍德里亚提出,后现代理论是一种超现实的文化,由形象和没有原件的仿像或复制品所主宰。历史不再指涉任何真实、意义和真理。鲍德里亚抛弃了马克思对交换价值和使用价值的区分,主张后现代文化是由"符号价值"、由赋予地位和权力的商品所主宰的。在今天的"符号制造术的(semiurgic)社会"里,后现代构成这样一种文化:"真实"在其中已经化为形象。符号不再指涉外在的客观现实,符号自身已经成为现实。形象与现实无关,超现实通过电子媒介不断地被再生产出来。因此，就像鲍德里亚在《交往的迷狂》（The Ecstasy of Communication）中提及的，广告和电视"侵入了我们最私密的社会生活过程"。

鲍德里亚的后现代主义就是一种消极的文化，超现实成了现实，所以迪斯尼乐园就是"真正"的美国：

> 迪斯尼乐园的存在就是掩盖这个事实，即它本身就是真正的国家，整个真正的美国就是迪斯尼乐园……迪斯尼乐园呈现为虚构的，就是为了使我们相信其他的事物是真实的，然而，这时它外面的整个洛杉矶和美国都不再是真实的了，而是体现了超现实和仿像的秩序。（Baudrillard，1983b）

所有的界限都已被消除，现实已经"内爆"了，关于社会性的传统社会学观念消失了。鲍德里亚呈现的社会景观清除了一切结构过程、制度和行动者，组成社会的是一些符号和形象所构成的光怪陆离的上层建筑，且个体与之没有任何客观与异化的关系。后现代文化厌恶积极的行动者，因为个体不再是行动者，而只不过是"包括电视、计算机、电话和微型卫星的多重网络中的一个终端而已"。现代大众文化以其无用的超信息建成了一个"非交往"领域，在该领域中，形象生产与接受间不会发生积极的交流，大众媒介逼迫大众保持沉默并把他们扔进"昏迷状态"中。

与杰姆逊一样，鲍德里亚也没有将消费过程与生产过程进行任何联结。他的所有关于后现代的例子都存在于决定性的社会结构里，并牵涉高度复杂的权威链条。是谁在媒介中做出决定？谁负责建构形象以及谁决定它们如何进入市场？媒介是由高度组织化和等级化的机构组成的，资本的投资在其中举足轻重，那么又是谁在进行投资、谁做出决定以及谁控制着媒介？鲍德里亚强调文化的发展被媒介所主宰虽然是对的，但他的方法却有意把交往机制和权力及权威问题变得简单了。

第九章 后现代性与大众文化

总结性评价：现代性、历史和后现代主义问题

如果说现代性是分化（韦伯的领域）和自主化，那么后现代性就是"消解分化"（鲍德里亚的"内爆"）。在杰姆逊的分析里，现代资本主义的逻辑指向一种大众的和民主的新文化，其中高雅文化、流行文化和大众文化以及经济、政治和文化之间界限的淡化，意味着历史感的丧失。个体生活在即时的当下，当下已经清除了与过去的所有生动和有意义的联系。但是，现代性本身也经常在与此大体类似的意义上被论述，现代文化果敢地摆脱过去，为了追求当下的"新"而丢掉了历史。不仅如此，现代性摆脱传统和历史，也就产生了贝尔所说的信念问题，即缺乏凝聚社会的一套统一的价值。然而，我已经指出，现代性并不一定就会带来这样黯淡和悲观的结论。例如，马克思就指明，现代性的结构基础就在资本主义生产充满活力和不断扩展的本性之中。尽管他的论述涉及行动和历史叙事时是有问题的，但的确给作为体验的现代性（波德莱尔）包含的活力、无休止的活动和目的性提供了历史语境。同样，巴赫金的文化理论的内在属性也是分化的和去中心的，是一种包含深远的历史语境中多种声音间的斗争的多元主义；它给出的是一种开放的和非终结性的现代性概念。对话原则反对一切围绕着一个主导信念系统而建立起来的、封闭和大一统的文化和社会。因此，现代性欢迎针对权威的、宏大的、终结性的叙事的正常的相对主义和怀疑主义，并接受不可通约的多元主义、差异和社会生活的含混性。

马克思一方面分析现代性的结构基础，另一方面却又将其与无产阶级解放的宏大叙事和资本主义朝着高度统一的社会系统的必然发展捆在一起。这样一来，马克思的现代性分析中就奔涌着一股强烈的终结性话语，这与他对行为、文化和集体行动者的强调相矛盾

(如同我在第一章中指出的)。但是,就一般情况而言,马克思的论述在这些方面是含混不清的,例如,他对自主性的强调最终就被纳入涵盖一切的历史叙事之中。

巴赫金著作的重要意义还在于它对界限的分析。强调文化存在于边界之上并不意味着要取消一切分化的结构或取消一切客观历史语境的观念,也不是说要转而去把握文化本身的等级制结构。这就是各种后现代理论(杰姆逊、鲍德里亚和福柯)被抛入的死角,因为它们无法从社会学和历史学的角度妥善应对从新的场域和社会斗争中涌现出来的文化生产的各种新形式。

结　语

在这本书里,我已经阐明现代的文化概念是与现代性思想以及工业资本主义的发展同时产生的,资本主义的技术和城市基础建设为文化获得自主性,进入按照特殊内在逻辑和属性结构而成的不同领域或场域、制度和实践奠定了基础。在韦伯、涂尔干、帕森斯、巴赫金和布迪厄的著作里,文化逐渐占据了一个特殊的位置,它的结构和形式与具体的社会和历史语境相关,但又具有相对于社会结构、制度和社会互动的部分自主性。从语境上定位文化,但同时又要保持自主原则,这构成了文化社会学最为棘手的难题之一。尽管许多文化理论家承认文化的自主原则,但是却有一个更强烈的倾向试图将文化挤压进社会概念中。例如,涂尔干、帕森斯和法兰克福学派就部分地依照文化确保社会整合的作用来论述文化,而同时又主张文化总要涉及内在的、超验的和普世的价值。涂尔干和帕森斯都承认文化的道德黏合因素是来自产生规范整合价值的普世性内核。同样,葛兰西的盟主权观念也包含着一个能唤起下属和统治阶级的忠诚的普世的道德文化内核。而对法兰克福学派来说,文化既是文化工业的商品,其在本质上又证明了具有一种批判的乌托邦的潜能。

现代性也必须找到社会学的基础。现代性概念经常根据一套混杂的思想(如启蒙哲学)来进行宽泛的定义,而排除了它的具体的历史基础。许多有关现代性的文献都是思辨性的、哲理性的、印象主义的和文学性的,既不能充分地对产生种种现代性的复杂过程进行语境化，也没有提供多少概念以将形形色色的现代性与社会历史形式和结构联结起来。因此，现代性的美学定义以及它对主观体验和转瞬即逝的社会生活形式的强调，很轻易地就会退化为智力游戏和空洞的、去语境化的冥思。

关于现代性所做的分期也是有问题的。假如现代性是以韦伯的分化主题来描述的，那么问题就会涉及前资本主义社会大体相似的过程。如文艺复兴时期的意大利，在那里，文化、经济和政治被紧紧地捆绑在一起，但仍然有美学自主性的发展空间。不仅如此，我还表明，分化主题形成了现代性社会学的重心，并且没有把这个过程机械地归因于现代的理性化的资本主义，因为刚刚萌芽的领域或场域是与新生的资本主义和工业主义同时存在的。理解现代性的关键就在于资本主义的发展，以及与之相联的文化制度所产生的市民社会的不同形式。在 18 世纪后期，文化生产及其生产者逐渐独立于前资本主义的政治权威和雇用的集中模式。海顿（Haydn）终其一生都是宫廷乐师；而莫扎特摆脱了教会和君主的雇用而成为第一个现代作曲家，为预订的音乐会和一个崭露头角的中产阶层写作——这个中产阶层在 18 世纪 80 年代的维也纳建立了市民社会的基础。莫扎特、贝多芬和罗西尼的职业体现了现代性的基本规则，即随着文化产品市场的发展，现代文化中心的权力受到了侵蚀，出现了文化生产者的职业化，产生了管理和规范整个丰富多彩的文化生产的制度。这构成了正处于去中心化过程中的社会世界的社会学核心。

不仅如此，现代性像文化一样，在其形成过程中也涉及行为和人类行动。认为现代性的产生是一个理性通向去中心的世界的不可避免的过程是错误的，因为使得这个过程得以发生的制度和价值本身就是特殊社会文化语境中的集体行为的结果。行为必须与制度和广泛的社会力量联结在一起。哈贝马斯已经提出现代性计划并不在行动者的背后运作，而是需要在专家和大众之间并最终在理想的言语共同体中进行流动的和开放的对话。现代性是在生活世界中形成

结语

的，而金钱、权力和系统要素会威胁文化世界的潜在的自主性，解放始终是可能实现的。我的意思是，哈贝马斯的现代性理论潜在地包含了反思型行动者的作用，这个行动者拥有必要的反思能力以创造变化。

与哈贝马斯不同，吉登斯（Giddens）明确地将现代性与反思性联系起来。对吉登斯来说，"盛期现代性"概念强调现代社会的开放的和多元的性质，其制度足以使个体能够做出许多选择和拥有"多种自主性"。现代的自我本身是反思地形成的。盛期现代性给人类行为设定了一个日益增长的目的性，并不断增强对社会再生产状况的控制。吉登斯理论的一个要点是社会学知识进入和转变社会生活的程度。随着"专家系统"的崛起，医生、顾问、药剂师和营养学家纷纷涌现出来，他们的知识构成了个体日常生活的一部分，并帮助个体形成自己的身份认同。盛期现代性的独特之处是自我成了一个反思性的目标，其行为不断受到制度的控制。所以，盛期现代性文化就是部分自主的，其中知识和专家系统加强了自我的反思本性及其与社会的关系（Giddens，1991）。

尽管吉登斯的盛期现代性概念明确地建立在具体社会语境的基础上，但却毅然决然地摆脱了本书呈现的各种争论。吉登斯抛弃了分化主题的突出作用，认为在全球媒介和跨国资本主义的时代，该主题已经不再适用了。全球化过程已经有效地改变了社会关系的属性，将其从地方语境中移开并重新置于无限的时空范围里。地点已经变得"闪烁不定"，因为远方的事件、制度和决策已经闯入了日常生活和意识。

吉登斯的观点把我们带到了现代性问题的核心。尽管他强调现代性的内在的反思性和它的社会组织的新形式的基础（这样就将盛期现代性与后现代主义区别开来，因为后现代主义主要是指对现代性及其艺术风格和运动的美学反思），尤其是过分强调了地方制度和文化的消失，但对于调控社会学与专家知识的传播和接受的具体机制却语焉不详。吉登斯将现代性化约为反思性的单一维度，因而无法处理矛盾问题，这是危险的。在现代性概念中，通过文化、市民社会及其制度的扩展而发展起来的人类自由和自主性的无可置疑的潜能，与现代中央集权的政府对自由和自主性的控制形成一种张力——这个政府一心想把一切差异，如语言、道德文化，都融为一个基本的中心。正像文化工业概念所表明的，现代性暗含的集中化倾向能够使异样的声音、价值和争论沉默不语，从而给全体社会强加一个独白性的统一体。这就是文化对理解现代性所具有的重要意义，因为文化揭开了现代性中的对话潜能，即肯定了差异和多样性，以及开放的和未完成的话语与结构的存在。

最后，我们来看看文化社会学的问题。

（1）在文化社会学领域产生了大量的意义和定义——阿多诺的肯定和乌托邦的本质，吉尔兹的意义的严格语境化的观念，涂尔干的集体象征、仪式和表征，威廉姆斯的整体生活方式。当然，还有葛兰西和巴赫金对大众文化固有的民主和双重意义，大众文化的对话、批评和颠覆的潜能及其与日常生活的生动联系，通过社会斗争形成的文化生产和再生产的方式所做的分析。文化社会学必须对这些不同的概念进行批判，辨识出不同文化生产方式、文化制度和文化实践之间的复杂而微妙的关系。如果现代性是在截然不同的历史语境和反思性中结构的，那么文化也同样是反思性的和受语境约束的。在本书里，我已经对从涂尔干、帕森斯到法兰克福学派的理论家统统进行了批驳，因为他们都把文化简化为单一的维度——支持社会秩序的文化制度和象征形式——同时又寻求普世的和超验的价值。然而，必须在围绕日常生活的固定性质而发展起来的共同文化概念和文化工业之间做出区分，这种区分批判地抛弃了物化和商品化的日常世界，因为这个日常世界颠覆了文化的"他者"。

（2）至关重要的是，要超越功能主义的文化社会学，通过吸收积极行动者的概念，厘清和重新思考文化和象征与社会之间的关系。

结语

帕森斯的共同文化尽管抛弃了将文化简化为社会互动和社会语境的日常模式的粗浅做法，但没有触及反思性问题，而是尝试着将超验的因素（来自康德的哲学范畴）与功能主义的整体性和目的论调和起来。按照普世价值来论述文化，从社会学意义上讲是不能接受的，假如普世性是根据固定不变的永恒价值来定义的话。如果文化具有一个普世的和超验的核心，那么这个核心就已经在新的制度与价值的打造和形成中被创造出来了。普世价值必须从社会学上被设想为文化形成过程中的一种沉淀，体现在文化形式和艺术产品中，并随时接受更改和变化（如宗教象征、民主和正义的观念及永远不会终结和完善的某些美学类型）。

（3）文化整合的林林总总的神话以及它的主要信条，即社会围绕着一个共同的价值中心而凝结成一个整体，都必须被弃置。文化总是陷于社会和意识形态的斗争中，没有什么中立或超然的基础。葛兰西的盟主权、巴赫金的对话原则以及布迪厄的场域理论都把文化定义为抵抗和对立，包含积极的、反思的行动者，这些行动者的集体行为形成了充满差异的社会和文化世界。

（4）部分自主性的问题需要发展更充分的概念工具，以便更好地对自主化的结构基础进行经验的和历史的分析。通常，文化理论家采用的概念都把文化等同于社会实践和关于实践的模糊观念。自主性原则不是凭空地来自思想，而是在一定的历史语境中，从具体的社会和经济力量或者经济基础中产生出来的。文化的自主化过程随着各个社会的不同情况而产生节奏、深度和程度上的变化（受到经济、政治、思想和文化传统及市场力量等因素的影响），即使在同一个社会里也不尽相同（例如，在19世纪的英国发展起来的是小说这个亚场域的自主性而不是戏剧的，但在同一时期的德国，这个过程却大体相反）。自主化过程的发展是不平衡的和复杂的。

（5）按照部分自主性来定义文化，就会出现唯意志论和反思性的问题。尽管文化从分析的角度来讲是与社会实践有区别的，但是，这类实践必然作为一个构成因素进入文化的产生过程。文化是批判的和反思的，它的产生与理解、知识和历史性相关。文化的部分自主性的发展（如美学形式形成艺术作品的素材和内容）既是内在的，也是结构的。文化在其产生过程中构成现在与过去的对话。它是一个记忆王国，在当下的现实感和意义与来自过去的活生生的因素之间建立起历史的延续性。它还是一场包含许多声音的对话，试图在当下构建认同和在场感，并积极地回应他人。文化中的对话的构成作用不能被夸大，现代性文化是去中心的，是在所有社会层面上围绕着差异建立起来的，这些差异厌恶所有的中心化模式。对话指向文化的多元主义和异质性。现代性文化的众多声音通过造就其独立性和独特性的对话交往而实现了统一。

（6）文化的异质性表明了后现代的立场。我已经批驳了后现代理论的预言性和概念。文化要从语境上加以分析，文化社会学应当避免短路效应，即阐明各种复杂的力量游戏，包括在特殊语境中发挥作用的结构和行为。文化不是某一个社会阶级的意识形态或世界观的简单表达，而是高度流动的社会历史场域的力量的结果。后现代理论中使用的场域概念（尤为突出的是杰姆逊）没有得到足够的语境化，既不能说明发挥作用的各种具体的力量、微观与宏观层面的关系，也不能将社会行动者的行为建立在结构化语境的基础上，也就是说将其置于等级秩序的结构里。要避免行动与结构、微观与宏观之间的这种虚假的两分法，就要将互动秩序融入一个更大的力量场域中，在分析中掌握互动和客观"立场"之间相互加强的种种方式。正像我早已提到的，布迪厄文化理论中行为的工具性质是与他不能在结构性语境中发展出一种互动理论相关的；他也不能通过那些承载着文化的反思意识和人类社会的永久价值的参与者的对话与交往来探究文化的生成问题。

参考文献

Adorno, T. W. (1973) 'Letters to Walter Benjamin', *New Left Review*, no. 81.
—— (1976), *Introduction to the Sociology of Music* (New York: Seabury Press).
—— (1981) *In Search of Wagner* (London: Verso).
—— (1984) *Aesthetic Theory* (London: Routledge & Kegan Paul).
—— (1989) 'Society' in *Critical Theory and Society: A Reader* (London: Routledge & Kegan Paul).
—— (1991) *The Culture Industry:Selected Essays on Mass Culture* (London: Routledge & Kegan Paul).
Adorno, T. W. and Horkheimer, M. (1973) *Dialectic of Enlightenment* (London: New Left Books).
Alexander, J. C. and Seidman, S. (eds.) (1990) *Culture and Society: Contemporary Debates* (Cambridge University Press).
Antal, F. (1986) *Florentine Painting and its Social Background* (London: Harvard University Press).
Archer, M. (1989) *Culture and Agency* (Cambridge University Press).
Bakhtin, M. M. (1968) *Rabelais and his World* (London: MIT Press).
—— (1981) *The Dialogic Imagination* (London, University of Texas Press).
—— (1984) *Problems of Dostoevsky's Poetics* (Manchester University Press).
—— (1986) *Speech Genres and Other Late Essays* (London: University of Texas Press).
—— (1990) *Art and Answerability* (London: University of Texas Press).
Bakhtin, M. M. and Volosinov, V. N. (1973) *Marxism and the Philosophy of Language* (London: Harvard University Press).
Baudelaire, C. (1972) *Selected Writings* (London: Penguin).
Baudrillard, J. (1983a) 'The Ecstasy of Communication', in H. Foster (ed.) *Postmodern Culture* (London: Pluto Press).
Baudrillard, J. (1983b) *Simulations* (New York: Semiotext).
Baxandall, M. (1988), *Painting and Experience in Fifteenth Century Italy*, 2nd edn (Oxford University Press).
Bell, D. (1979) *Cultural Contradictions of Capitalism* (London: Heinemann).
Benjamin, W. (1983) *Charles Baudelaire: A Lyric Poet in the Era of High Capitalism* (London: Verso).
Berman, M. (1983) *All That Is Solid Melts Into Air* (London: Verso).
Bloch, E. (1987) *The Spirit of Utopia* (New York: Seabury Press).
Bourdieu, P. (1971) 'Intellectual Field and Creative Project', in Michael F. D. Young (ed.) *Knowledge and Control: New Directions for the Sociology of*

Education (London: Collier–Macmillan).
—— (1984) *Distinction: A Social Critique of the Judgement of Taste* (London: Routledge & Kegan Paul).
—— (1990a) *The Logic of Practice* (Oxford: Polity Press).
—— (1990b) *Photography: A Middle-Brow Art* (Oxford: Polity Press).
—— (1993a) *Sociology in Question* (London: Sage).
—— (1993b) *The Field of Cultural Production* (Oxford: Polity Press).
—— (1996) *The Love of Art* (Oxford: Polity Press).
Bourdieu, P. and Wacquant, L. J. D. (1992) *An Invitation to Reflexive Sociology* (Oxford: Polity Press).
Bourricard, F. (1981) *The Sociology of Talcott Parsons* (London: University of Chicago Press).
Calhoun, C. (1995) *Bourdieu: Critical Perspectives* (Oxford, Polity Press).
Calinescu, M. (1997) *Faces of Modernity* (London: Indiana University Press).
Clark, K. and Holquist, M. (1984) *Mikhail Bakhtin* (London: Harvard University Press).
Clark, T. J. (1973) *Image of the People: Gustave Courbet and the 1848 Revolution*. (London: Thames & Hudson)
Dahlmann, D. (1987) Max Weber's Relation to Anarchism and Anarchists: the Case of Ernst Toller', in Mommsen, W. J. and Osterhammwl, J. (eds), *Max Weber and His Contemporaries* (London: Unwin Hyman).
Durkheim, E. (1957) *The Elementary Forms of the Religious Life* (London: Allen & Unwin).
—— (1982) The Rules of Sociological Method and Selected Texts on Sociology and Its Method (London: Macmillan).
Eichenbaum, B. (1978) 'Literary Environment', in L. Matejka and K. Pomorska (eds), *Readings from Russian Poetics* (Cambridge, Mass: MIT Press).
Erlich, V. (1981) *Russian Formalism* (New Haven, Conn.: Yale University Press).
Fiedler, L. (1992) 'Cross the Border – Close the Gap', in P. Waugh (ed.), *Postmodernism: A Reader* (London, Edward Arnold).
Foucault, M. (1986) *The Foucault Reader* (London: Penguin).
—— (1988) *Politics, Philosophy, Culture* (London: Routledge & Kegan Paul).
Frisby, D. (1985) *Fragments of Modernity* (Cambridge: Blackwell).
Garfinkel, H. (1967) *Studies in Ethnomethodology* (Englewood Cliffs, NJ: Prentice-Hall).
Geertz, C. (1973) *The Interpretation of Cultures; Selected Essays* (New York: Basic Books).
Giddens, A. (1987) *Social Theory and Modern Sociology* (Oxford: Polity Press).
Giddens, A. (1991) *The Consequences of Modernity* (Oxford: Polity Press).
Goffman, E. (1961) *Asylums* (New York: Anchor Books).
—— (1972) *Interaction Ritual* (London: Penguin Books).
—— (1981) *Forms of Talk* (Oxford: Blackwell).
—— (1983) 'The Interaction Order', in *American Sociological Review*, 48.
Goldmann, (1964) *The Hidden God* (London: Routledge).
Gramsci, A. (1972) *Selections from the Prison Notebooks* (London: Lawrence & Wishart).
—— (1977) *Selections from Political Writings, 1910–1920* (London: Lawrence & Wishart).

—— (1978) *Selections from Political Writings, 1921–1926* (London, Lawrence & Wishart).
—— (1985) *Selections from Cultural Writings* (London, Lawrence & Wishart).
Griswold, W. (1986) *Renaissance Revivals: City Comedy and Revenge Tragedy in the London Theatre 1576–1980* (University of Chicago Press).
Habermas, J. (1979) *Communication and the Evolution of Society* (London: Heinemann).
—— (1985) 'Modernity: An Incomplete Project', in H. Foster (ed.), *Postmodern Culture* (London: Pluto Press).
—— (1987) *The Philosophical Discourse of Modernity* (Oxford: Polity Press).
Hall, S. (1996) 'For Allon White: Metaphors of Transformation', in D. Morley and K-H. Chen (eds), *Stuart Hall: Critical Dialogues* (London: Routledge & Kegan Paul)
Harvey, D. (1989) *The Condition of Postmodernity* (Oxford: Blackwell).
Hassan, I. (1993) 'Towards a concept of postmodern', in T. Docherty (ed.), *Postmodernism A Reader* (London: Harvester).
Hauser, A. (1963) *The Philosophy of Art History* (New York: Meridian Books).
Hoggart, R. (1957) *The Uses of Literacy* (London: Penguin Books).
Holquist, M. (1990) *Dialogism* (London: Routledge & Kegan Paul).
Horkheimer, M. (1972) *Critical Theory* (New York: Seabury Press).
Howe, I. (1992) 'Mass Society and Postmodern Fiction', in P. Waugh (ed.) *Postmodernism: A Reader*. (London, Edward Arnold).
Huyssen, A. (1986) *After the Great Divide: Modernism, Mass Culture, Postmodernism* (London: Macmillan).
Jameson, F. (1981) *The Political Unconscious* (London: Methuen).
—— (1991) *Postmodernism* (London: Verso).
Jay, M. (1984) *Adorno* (London: Fontana).
—— (1993) *Force Fields: Between Intellectual History and Cultural Critique* (London: Routledge & Kegan Paul).
Keating, P. J. (1989) *The Haunted House* (London: Hodder)
Kumar, K. (1995) *From Post-Industrial to Post-Modern society* (Oxford: Blackwell).
Le Roy Ladurie, E. (1981) *Carnival in Romans* (tr. M. Feeney) (Harmondsworth: Penguin)
Lukács, G. (1964) *Studies in European Realism* (New York: Grossett & Dunlap).
Lyotard, J.-F. (1989) *The Lyotard Reader*, ed. A. Benjamin (Oxford: Blackwell).
Mannheim, K. (1953) *Essays in Sociology and Social Psychology* (London: Routledge & Kegan Paul).
—— (1982) *Structures of Thinking* (London: Routledge & Kegan Paul)
Marcuse, H. (1968) *Negations* (London: Allen Lane).
Marinetti, F. T. (1996) 'The Founding and Manifesto of Futurism', in L. Cahoone (ed.), *From Modernism to Postmodernism: An Anthology* (Oxford: Blackwell).
Marx, K. (1958) Capital, vol. i (London: Lawrence & Wishart).
—— (1971) *A Contribution to the Critique of Political Economy* (London: Lawrence & Wishart).
—— (1973) *Grundrisse* (London: Penguin)
Marx, K. and Engels, F. (1958) *Selected Works* vol. i (London: Lawrence & Wishart).
—— (1962) *Selected Works*, vol. ii (London: Lawrence & Wishart).

—— (1965) *The German Ideology* (London: Lawrence & Wishart).
—— (1976) *On Literature and Art* (London: Lawrence & Wishart).
Medvedev, P. and Bakhtin, M. (1978) *The Formal Method in Literary Scholarship* (London: Johns Hopkins University Press).
Morley, D. (1980) *The Nationwide Audience* (London: British Film Institute).
Morson, G. S. (ed.) (1986) *Bakhtin: Essays and Dialogues on His Work* (London: University of Chicago Press).
Nietzsche, F. (1967) *The Birth of Tragedy* (New York: Vintage Books).
—— (1990) *Twilight of the Idols* (London: Penguin).
Parsons, T. (1951) *The Social System* (New York: Free Press)
—— (1955) *Family, Socialization and the Interaction Process* (New York: Free Press)
—— (1967) *Sociological Theory and Modern Society* (New York: Free Press).
—— (1989) 'A Tentative Outline of American Values', *Theory, Culture and Society*, vol. 6, no. 4.
Radway, J. (1987) *Reading the Romance* (London: Verso).
Raphael, M. (1978) *The Demands of Art* (London, Routledge & Kegan Paul)
Rose, M. A. (1991) *The Post-Modern and the Post-Industrial: A Critical Analysis* (Cambridge University Press).
Saussure, F. de (1974) *Course in General Linguistics* (London: Fontana).
Shusterman, A. (1993) 'Eliot and Adorno on the Critique of Culture', *Theory, Culture and Society*, vol. 10, no. 1.
Simmel, G. (1950) *The Sociology of Georg Simmel* (New York: Free Press).
—— (1968) *The Conflict in Modern Culture, and Other Essays* (New York: The Teachers' College Press).
—— (1990) *The Philosophy of Money*, 2nd edn (London: Routledge & Kegan Paul).
—— (1991) 'Money in Modern Culture', and 'The Berlin Trade Exhibition', in *Theory, Culture and Society* vol. 8, no. 3.
Solomon, M. (1995) *Mozart* (London: Bloomsbury).
Sombart, W. (1967) *Luxury and Capitalism* (New York: Free Press).
Stallybrass, P. and White, A. (1986) *The Politics and Poetics of Transgression* (London: Methuen).
Taine, H. (1906) *History of English Literature* (London: Chatto & Windus).
Thompson, E. P. (1981) *The Making of the English Working Class* (London: Penguin Books).
—— (1993) *Customs in Common* (London: Merlin Press).
Trotsky, L. (1957) *Literature and Revolution* (New York: Russell & Russell).
Tylor, E. B. (1958) *Primitive Culture: Researches into the Development of Mythology, Philosophy, Religion, Art, and Custom* (Gloucester, Mass.: Smith).
Tynyanov, Y. (1978) 'Literary Evolution', in L. Matejka and K. Pomorska (eds), *Readings in Russian Poetics* (Cambridge, Mass.: MIT Press).
Watt, I (1962) *The Rise of the Novel* (London: Penguin Books).
Weber, M. (1948) *From Max Weber: Essays in Sociology* (London: Routledge & Kegan Paul).
—— (1978) *Economy and Society* (New Jersey: Bedminster Press).
Whimster, S. and Lash, S. (eds) (1987) *Max Weber, Rationality and Modernity*

(London: Allen & Unwin).
Wilde, O. (1955) *Plays, Prose Writings and Poems* (London: Dent).
Williams, R. (1961) *Culture and Society 1780–1950* (London: Penguin).
——(1965) *The Long Revolution* (London: Penguin)
——(1977) *Marxism and Literature* (London: Oxford University Press).
——(1979) *Politics and Letters: Interviews with 'New Left Review'* (London: New Left Books)
——(1981a) *Culture* (London: Fontana)
——(1981b) *Problems of Materialism and Culture* (London: Verso Books).
——(1989) *The Politics of Modernism: Against the New Conformists* (London: Verso).

索引

(所注页码为英文原书页码,即本书边码)

A

Abbado, C. 阿巴多 46
Adorno, T. W. 阿多诺 xiii, 41, 42-50, 62-7, 72-4, 77, 90, 91, 114, 139, 149-51, 153, 177
aesthetic culture 审美文化 x-xi
Alexander, J 亚历山大 54
Antal, F. 安泰尔 5, 10-12, 89, 90
anthropology 人类学 xii-xiii, 80
apparatus 机器 92, 94
Archer, M. 阿切尔 60, 71
architectonics 建筑术 113-16, 119, 134-5
Arnold, M. 阿诺德 x, 76
astrology 占星术 49

Auerbach, E. 奥尔巴赫 138
autonomisation of culture 文化自治化 23, 41-2, 70, 87, 174, 179
autonomy of spheres 领域自治 25-32, 38, 93, 148, 166

B

Bach, J. S. 巴赫 72
Bakhtin, M. 巴赫金 xiii-xiv, 19, 86, 107, 113-17, 119-35, 153, 160, 164, 173, 177
Balinese cockfight 巴厘岛斗鸡 117
Balzac, H. 巴尔扎克 109, 132
base and superstructure 基础与上层建筑 3, 5-6, 7, 8-13, 39, 74, 79, 116
Baudelaire, C. 波德莱尔 90-

索引

1，141-4，152

Baudrillard, J. 鲍德里亚 171-2

Baxandall, M. 巴克桑达尔 29

Beethoven, L. von 贝多芬 48，72-3，175

Bell, D. 贝尔 164-7

Benjamin, W. 本雅明 27，37，90-1，139，143，144

Berman, M. 伯曼 154-5，157

Bonapartism 波拿巴主义 8

Bourdieu, P. 布迪厄 xiii，88-90，92-101，104-7，109-13，123，134-5，146，169，180

Brecht, B. 布莱希特 28

C

capitalism 资本主义 154-7，167，170

carnival 狂欢 126-9，135

Clark, T. J. 克拉克 12-13

collective representations 集体表征 xii-xiii，54

commodification of culture 文化商品化 48，166-72

common culture 共同文化 56-60，79，80

communication 交往 62，111-12，120-2

critical theory 批评理论 38-9

D

Dadaism 达达主义 98

decentred culture 去中心的文化 25，27，33

decentering 去中心 120，125，148，153，176

dialogism iv. 对话原则 115-25，134-5，178，179

differentiation of spheres 领域分化 31-2，93，153，167，169，175

discourse 话语 123-6，130

Doctorow, E. L. 杜克罗夫 168

dominant ideology 主流意识形态 10

Dostoevsky, F. 陀思妥耶夫斯基 113，115，126

Durkheim, E. 涂尔干 xii，xiii，22，36，53-6，59，

193

61，72，95，97，108，174，177，178

E

Eliot, G. 艾略特 77

Eliot, T. S. 艾略特 xi，76-78，80

empiricism 经验主义 82-3

Engels, F. 恩格斯 1-8

epic 史诗 130-1

existentialism 存在主义 88

F

fields 场域 25，75，88，92-106，108-13，133-5，152，178

Flaubert, G. 福楼拜 102，105，109，133-4

force field 力量场域 99-103，169-71，180

Foucault, M. 福柯 99-100，142-4，152，154

Frankfurt School 法兰克福学派 3，5，20，30，37-8，43-52，59，62-7，70，74，77，89，102，106，112-13，137，139，140，142，149-53，160，170，174，178

French Revolution 法国大革命 56，104

Freud, S. 弗洛伊德 63

Frisby, D. 弗莱斯比 144

functionalism 功能主义 3，67，98，108，178

futurism 未来主义 98

G

Garfinkel, H. 加芬克尔 60

Geertz, C. 吉尔兹 xii，53，117，177

genetic structuralism 发生结构主义 67

Giddens, A. 吉登斯 140，176-7

Goffman, E. 戈夫曼 xiii，68-9

Goldmann, L. 古德曼 89，90

Gramsci, A. 葛兰西 xiii，3，5，13-21，28，37，48，50，51-2，59，61，66，70，74-5，83-4，86，88，107，135，136，137，174，177

Greek art 希腊艺术 4-5，9

H

Habermas, J. 哈贝马斯 30,

49，62－7，69，79，142，150－3，160，176

Hall, S. 霍尔 ix，129

Harvey, D. 哈维 158，170

Hassan, I. 哈桑 163－4

Hauser, A. 豪泽尔 5，9－10，12，89

Hegel, G. W. F. 黑格尔 39，63，72，131，170

hegemony 盟主权 14－17，83－4，86，178

high modernity 盛期现代性 176－7

historical materialism 历史唯物主义 31

Hoggart, R. 霍加特 ix

Holism 整体主义 xi-xii，80

Homer 荷马 107，149，150

Horkheimer, M. 霍克海默 38，42，44，45，62－7，149－51

Howe, I. 豪 162－3

Hudnut, J. 胡德纳特 162

I

instrumental rationality 工具理性 43，149，150

interaction order 互动秩序 xiii，68－9

J

Jameson, F. 杰姆逊 103，167－72，180，

Jay, M. 杰伊 73，102－3

K

Kafka, F. 卡夫卡 168

Kant, I. 康德 70，104，142－3，178

Kracauer, S. 克拉考尔 35，144

Kristeva, J. 克里斯蒂娃 88

Kumar, K. 库马尔 137

L

Lawrence, D. H. 劳伦斯 77

Leavis, F. R. 利维斯 xi，76－8，79，80，83

life-world 生活世界 64，66－7，176

literary system 文学系统 86－8，91

Lowenthal, L. 洛文塔尔 46

Lukács, G. 卢卡奇 5，8－9，30，37，40，41，114，131

Luther, M. 路德 25

Lyotard, J.-F. 利奥塔 160-1

M

Mandel, E. 曼德尔 167, 170

Mannheim, K. 曼海姆 23, 104-5

Marcuse, H. 马尔库塞 38, 41-2

Martinu, B. 马丁努 164

Marx, K. 马克思 1-8, 32, 57, 62-3, 96, 106, 107, 135, 153-9, 172-3

Marxism 马克思主义 ix, 1-13, 22, 24, 35, 37-8, 40, 56, 62, 79, 90, 103, 108, 131

Masaccio 马萨乔 11

mass culture 大众文化 44, 46-7, 65, 77-9, 139, 142, 166, 171

materialism 唯物主义 36, 74-6

Mauss, M. 莫斯 95

mediation 中介 72-4, 91

mental structures 心理结构 95

metanarrative 元叙事 159-60

micrological analysis 微观分析 143-6, 153

minimalism 极简主义 99

modernism 现代主义 44, 136-7, 139, 164-6

money 货币 33, 156-8

monologism 独白原则 115, 125

Morley, D. 穆雷 51

Morson, G. 莫尔森 121

Mozart, W. A. 莫扎特 48, 129, 175

Munch, E. 蒙克 168

N

national-popular concept 民族-大众概念 19-20

Nietzsche, F. 尼采 139, 147, 152

O

opera 歌剧 44-5, 139

outsideness 外在性 117

P

Panofsky, E. 潘诺夫斯基

95

Parsons, T. 帕森斯 xiii, 30, 49, 56 - 62, 67, 69, 70, 72, 100, 106, 107, 108, 135, 174, 178

photography 摄影 96 - 7

Piaget, J. 皮亚杰 63

Piero della Francesca 皮耶罗·德拉·法兰西斯卡 29

Pirandello, L. 皮兰德娄 20

popular culture 流行文化 18 - 19, 61, 76 - 8, 111, 116, 126 - 9, 131, 162

positivism 实证主义 31, 38, 53 - 4, 58, 116, 147

postmodern culture 后现代文化 168 - 9, 171 - 2

postmodern fiction 后现代小说 162 - 4

project of Enlightenment 启蒙工程 65 - 6, 142 - 3, 147, 151 - 2

Protestantism 清教主义 24 - 5, 48

public sphere 公共领域 41, 43, 137

R

Rabelais, F. 拉伯雷 126 - 9

Radway, J. 莱德维 51

Raphael, M. 拉斐尔 13

rationality 合理性 25 - 6, 66, 148 - 9

realism 现实主义 8 - 9, 127

reception theory 接受理论 51 - 2, 111

relative autonomy 相对自治 xii-xiii, 13, 81 - 2, 89, 135, 179

Renaissance Florence 佛罗伦萨文艺复兴 10 - 12, 29 - 30

rock music 摇滚乐

Rose, M. 罗斯 161 - 2

Russian formalism 俄国形式主义 117 - 18

S

Sartre, J.-P. 萨特 88, 106

Satie, E. 萨蒂耶 164

Saussure, F. 索绪尔 118 - 23

Schoenberg, A. A. 勋伯格 73

Simmel, G. 西美尔 23, 27, 30 - 6, 40, 53, 55, 70, 71, 72, 144 - 6

social system 社会系统 64,

103, 158

Stoker, B 斯道克 138-9

Stravinsky, I. 斯特拉文斯基 73

Structuralism 结构主义 86-7, 88, 93-4, 118-19

Styles of thought 思想风格 104

substantive rationality 实质理性 43

Surrealism 超现实主义 98

symbolic forms 象征形式 55, 97, 127

T

Thompson, E.P. 汤普逊 vii-ii, ix, 61

Toller, E. 托勒尔 28

Trotsky, L. 托洛茨基 17-18

Tylor, E.B. 泰勒 xi

Tynyanov, Y. 图尼雅诺夫 86-8, 91, 100

U

utopia 乌托邦 39-40, 72-3, 128

W

Wagner, R. 瓦格纳 44-5, 139

Warhol, A. 沃霍尔 168

Watt, I. 瓦特 131

Weber, M. 韦伯 xii, 22-9, 43, 53, 56, 66, 67, 70, 87, 88, 92, 93, 108-9, 124, 135, 136, 137, 140, 147-9, 151, 166, 167

Western Marxism 西方马克思主义 37-9

Wilde, O. 王尔德 40

Williams, R. 威廉姆斯 xi, xiv, 75-85, 86, 111, 138, 169, 177

working-class culture 工人阶级文化 17-18, 20-1

文化理论与现代性问题

译后记

《文化理论与现代性问题》这本书终于要出版了，编辑嘱我写一篇后记，脑子里像放电影似的闪过这几年的画面。用漫长曲折来形容这本书的出版是非常合适的。

最早推荐这本书给我的是展江教授。展江教授当时与中国人民大学出版社合作翻译了一大批有巨大影响的新闻传播类的学术书籍。他选书的独到眼光非常让我钦佩。有一天，他拿着这本书找到我。因为知道我是学西方文艺理论出身的，问我有没有兴趣翻译这本书。阿兰·斯威伍德的大名是早就听说过了，之前也拜读过他的一些著作。我仔细翻阅这本书之后，发现这本书所涉及的理论流派非常丰富，几乎囊括了当今西方最主要的各种文化理论。同时，这本书的立论角度又非常新颖。正如书名所体现的，作者试图把所有的理论都纳入文化社会学的框架之中，特别注重文化与个体行为和集体行为在语境、系统、结构和场域之间的复杂关系。随着20世纪西方文论在60年代的一个重要转向，文化问题日益成为文论中的显要话题。同时现代性问题在中国的社会语境中也是一个引起各方争议的焦点问题。这本书的理论价值是毋庸置疑的。我于是既兴奋又惶恐地答应下来。

我当时边工作边攻读博士学位，时间非常宝贵，于是决定给自己找一位翻译的同伴。我找到了自己的同门师兄黄世权副教授。我们不仅是硕士时的同学，而且在博士阶段又共同拜在王一川教授门下。因为黄老师比我年长，我一般都亲切地称他为黄兄。在我们这一拨同学中，黄兄的理论功底和英语功底都是出类拔萃的。有他来做保证，这本书的质量更让人放心了。我们于是做了一个分工，我负责书的前半部分，他负责后半部分。最后的统稿我先做一次，他再把一次关。我们之间的合作非常愉快。黄兄不仅完成自己的翻译部分，还认真解答我在翻译过程中提出的各种问题，并帮助我订正了不少翻译上的错误。在他博士论文答辩前夕，我们终于完成了这本书的翻译工作。

把书稿交给展江教授之后，我们就开始了耐心的等待。但后来世事变迁。展江教授因为工作调动，到北京外国语大学工作。而这本书的责任编辑也因为工作调动，没有能够完成这本书的编辑出版工作。于是这一拖就是好几年。这期间，黄兄博士毕业后南渡广西，在南宁安居乐业。我们之间的联系就没有以前那么频繁了。但这本书的出版问题始终像块石头一样压在我的心头。经过和人大出版社的沟通，这本书在2012年进入出版流程。在大家的共同努力下，终于完成了出版工作。在这里，我不仅要感谢推荐我翻译这本书的伯乐——北京外国语大学英语学院国际新闻与传播系的展江教授——给我提供这么好的翻译机会，也要感谢为这本书的出版做了大量工作的中国人民大学出版社策划编辑翟江虹女士，感谢本书的责任编辑黄超和竹琳。正当文化产业在我们国家方兴未艾之际，这本书中所提供的理论解读对我们加深对文化与社会的关系的了解依然具有重要的借鉴意义。

由于这本书涉及的理论流派和大家众多，我们在翻译的过程中一定会留下一些遗憾和值得争议之处，敬请方家争鸣和指正。同时也以这本书来纪念我和黄兄那段充满理论激情的求学时光。

桂琳
2012年8月

Cultural Theory and the Problem of Modernity by Alan Swingewood

Copyright © Alan Swingewood 1998

Simplified Chinese version © 2013 by China Renmin University Press.

All Rights Reserved.

Cultural Theory and the Problem of Modernity was originally published by Palgrave Macmillan. This translation licence is by arrangement with Palgrave Macmillan.

图书在版编目（CIP）数据

文化理论与现代性问题/（英）斯威伍德著；黄世权，桂琳译.—北京：中国人民大学出版社，2013.1
（文化创意产业译丛）
ISBN 978-7-300-16829-6

Ⅰ.①文… Ⅱ.①斯…②黄…③桂… Ⅲ.①文化理论-研究 Ⅳ.①G0

中国版本图书馆CIP数据核字（2012）第298201号

文化创意产业译丛
文化理论与现代性问题
[英] 阿兰·斯威伍德 著
黄世权 桂 琳 译
Wenhua Lilun yu Xiandaixing Wenti

出版发行	中国人民大学出版社		
社　址	北京中关村大街31号	邮政编码	100080
电　话	010-62511242（总编室）	010-62511398（质管部）	
	010-82501766（邮购部）	010-62514148（门市部）	
	010-62515195（发行公司）	010-62515275（盗版举报）	
网　址	http://www.crup.com.cn		
	http://www.ttrnet.com（人大教研网）		
经　销	新华书店		
印　刷	三河市汇鑫印务有限公司		
规　格	155 mm×230 mm　16开本	版　次	2013年1月第1版
印　张	13.5	印　次	2013年1月第1次印刷
字　数	170 000	定　价	38.00元

版权所有　侵权必究　　印装差错　负责调换